# 영광스러운 교회에
## 보내는 메시지 I

**MorningStar**
PUBLICATIONS
1(800)542-0278
www.MorningStarMinistries.org

본 저작물의 한국어판 저작권은, Morning Star Publications 와의 독점 계약으로 한국어 판권은 '순전한 나드'가 소유합니다. 저작권자의 허락 없이 이 책의 일부 또는 전체를 무단 복제, 전재, 발췌하면 저작권법에 의해 처벌을 받습니다.

*A Message To The Glorious Church, Volume* Ⅱ
*by Rick Joyner*
copyright ⓒ 2003 by Rick Joyner

Published by Morning Star Publications
P.O.Box 440, Wilkesboro, NC 28697

Korean translation Copyright ⓒ 2004, 2007(2nd Edition) by Pure Nard
2F 774-31, Yeoksam 2dong, Gangnam-gu, Seoul, Korea

The Korean edition is published by Morning Star Publications.
All rights reserved.

## 영광스러운 교회에 보내는 메시지 Ⅰ

지 은 이 | 릭 조이너
옮 긴 이 | 문금숙

초판발행 | 2005. 4. 25
개정판2쇄 | 2012. 1. 30

펴 낸 이 | 허 철
펴 낸 곳 | 도서출판 순전한 나드
등록번호 | 제2010-000128
주　　소 | 서울 강남구 역삼2동 774-31 2층
도서문의 | 02)574-6702 / 010-6214-9129
　　　　　Fax. 02)574-9704
홈페이지 | www.purenard.co.kr
인 쇄 처 | 예원프린팅

Printed in Korea

ISBN 978-89-91455-90-0 04230
　　　 978-89-91455-92-4 (전2권)

# 영광스러운 교회에 보내는 메시지 I

## 제1권

에베소서 1장 - 4장 연구

릭 조이너 / 문금숙 옮김

PURE NARD

# Contents

## 제1부 (에베소서 1장)
## 영광스러운 추구에 대한 비전

- **1장** 산으로 올라감 · 12
- **2장** 하나님 나라로 가는 지도 · 24
- **3장** 온전한 목적을 위한 비전 · 30
- **4장** 목적을 위해 예정된 것 · 36
- **5장** 우리의 받을 유업의 경이로움 · 42
- **6장** 잘 알려진 사랑 · 48
- **7장** 볼 수 있는 눈 · 52
- **8장** 경작하는 능력 · 56
- **9장** 궁극적 권위 · 60

## 제2부 (에베소서 2장)
## 거룩한 걸음에 대한 비전

- **10장** 주님과 함께한 보좌 · 64
- **11장** 하나님의 선물 · 72
- **12장** 사망에서 생명으로 · 80
- **13장** 새로운 피조물 · 86
- **14장** 시험 당함 · 92
- **15장** 기초와 머릿돌 · 96

## 제3부 (에베소서 3장)
## 광대한 비전

- **16장** 포괄적인 비전 · 104
- **17장** 은혜의 능력 · 110
- **18장** 정사들에 대한 증거 · 116
- **19장** 환난과 영광 · 124
- **20장** 가족과 속 사람 · 130
- **21장** 생명에 대한 지식 · 136
- **22장** 그리스도 안에서의 풍성함 · 140

## 제4부 (에베소서 4장 - 상반절)
## 영원한 것을 세움

- 23장 가치 있는 걸음 · 146
- 24장 하나됨 · 152
- 25장 값없이 주신 선물 · 156
- 26장 충만하라 · 162
- 27장 준비하라 · 168
- 28장 소명을 알라 · 172
- 29장 선지자 · 178
- 30장 복음 전하는 자 · 184
- 31장 목사 · 190
- 32장 교사 · 196
- 33장 사역이 갖는 목적 · 200

## 제5부 (에베소서 4장 - 하반절)
## 더 견고한 반석

- 34장 안정과 분별 · 206
- 35장 사랑으로 진리를 말함 · 212
- 36장 허망한 마음 · 218
- 37장 마음을 새롭게 하라 · 224
- 38장 진리를 사랑하라 · 228
- 39장 수고함 아니면 도둑질 · 236
- 40장 세우는 말들 · 240
- 41장 성령을 근심케 말라 · 244

# 서 문

　많은 사람들이 에베소 사람들에게 보낸 바울의 서신을 가장 뛰어나고 훌륭하며 또한 흥미롭고 힘 있는 말씀이라고 평한다. 이것은 논쟁의 여지가 있지만 에베소서에는 크리스천 각 개인들과 교회가 무엇으로 소명 받았는가에 대한 가장 명확하고 세세한 답변들이 있다. 성경에서 이 문제를 다룸에 있어 솔직히 에베소서와 견줄만한 다른 말씀이 없는 것은 분명하다.

　이 책은 에베소서 4장 끝까지 포함한 에베소서의 구절구절을 연구한 제1권이다. 에베소서는 세 가지의 주요 주제와 대 여섯 개의 작은 주제들로 되어 있고, 이러한 각각의 주제들을 완벽하게 연구한 성경이다. 이 둘 사이에 튼튼한 연결을 만들기 위하여 이것을 두 권의 책으로 엮었다.

이 책을 에베소서의 각 구절을 연구하여 썼음에도 이것이 이 서신을 깊이 있게 모두 연구했다고 생각하지 않는다. 에베소서에는 책 한 권의 가치가 있는 수많은 구절들이 있다. 실제로 나는 그 구절들 중 하나인 하나님의 능력의 지극히 위대하심으로 이름 붙인 책을 썼고, 집필이 끝났을 때 그것을 피상적으로밖에 다루지 못했다는 느낌에서 벗어나지 못했다. 에베소서는 분명히 하나님 말씀의 위대한 영광이 나타나 있는 성경이다. 에베소서로부터 캐낼 수 있는 계시의 깊이와 지식은 끝이 없는 것 같다.

　나는 에베소서와 같은 말씀을 선택한 사람들은 이미 진정한 영적 보물을 찾는 사람들이라고 생각한다. 에베소서는 내가 성경에서 이미 발견한 가장 귀한 보물들이 넘쳐 나는 원천이고, 여러분에게 전한 것보다 더 많은 보물이 있는 말씀이다. 나는 여러분들이 이미 발견한 보물에 안주하지 말고, 이 귀하고 광대한 비전과 소망의 에베소서를 공부하는 것에 더욱 깊이 영적으로 인도되기를 기도한다. 우리들의 중요한 기본 목표는 보물을 발견하는 것이 아니라 그 보물로 유익을 얻는 것이다!

　누군가는 바울이 본 영광스런 교회가 되어가는 모든 것을 경험하게 될 것이다. 우리라고 못하겠는가! 여러분의 현재 상황이 어떠하더라도 누구보다도 더 하나님과 가까이 걷는 사람이 되고자 하는 것을 막을 수 있는 것은 아무것도 없다. 예외는 단지 하나님의 아들 뿐이시다. 우리가 하나님의 아들보다 더 하나님께 가까이 갈 수는 없다. 그러나 주님 안에서 우리의 온전한 목표를 추구하는 것에는 그 누구에게도 제한이 없다. 오직 우리의 믿음과 인내에 한계가 있을 뿐이고, 이 믿음과 인내는 또한 그리스도 안에서 우리의 훈련과 연결된다.

　전반적으로 최근 몇 십 년을 거쳐 교회, 특히 서방 교회에 믿음이 용해되어 버리는 일이 있었다. 정도에 따라 어떤 이는 이를 '거대한 붕괴'라 부르고, 또 어떤 이는 '모든 이들의 사랑이 식어 가는' 때라 불렀다. 이러한 것들은 사실이지만 이런 와중에도 매우 고무적인 일들은 그리스도 안에서 그들의 온전한 목표를 향해서 가기로 결심하는 사람들의 수가 늘고 있다는 것이다. 이들은 기꺼이 어떠한 비용이든 치르고자 한다. 이들은 모든 세상적인 야망과 꿈을 희생해 가며 주님을 알고 주님과 동행하기 위해 어떤 고난도 참고 나아간다. 이 시대가 이것을 더욱더 어렵게 만드는 만큼 이것으로 믿음의 사람들은 하나님께 아주 귀한 보물이 된다.

하나님께 귀한 보물이 되는 것이 여러분이 이 땅 위에 존재하는 이유이다. 여러분은 단지 보물을 찾아내기 위해 여기 있는 것이 아니라, 주님께 귀한 보물이 되기 위해 있는 것이다. 어떤 것이 보물이 되는 이유는 그것을 찾기가 어렵거나 드물기 때문이다. 이것이 위대한 영혼들의 실체이며, 에베소서는 특별히 그것에 대해 쓰여졌다. 믿음으로부터 떨어져 나가 멀어져 가는 사람들을 보는 것은 슬픈 일이다. 진정한 믿음을 가지고 있는 사람들은 계속 전진할 수 있는 용기를 가지고 전 생애를 드려 우리의 왕이신 주를 한 순간이라도 기쁘게 해드리는 것이 그 어느 세상 보물과는 견줄 수 없는 영광스러운 성공의 삶을 사는 것이라는 것을 알아야 한다.

주님 안에서 우리의 성공은 우리가 얻은 것이나 받은 복이 아니라 왕이신 주와 함께 있는 것이다. 이것은 보물을 찾는 것으로 시작된다. 성령의 진정한 보물을 찾는 것은 가끔 아주 고독한 일이 될 수 있다. 그럼에도 우리에게는 보석이 되기 위해 더 높은 목표를 향해 올라가야만 하는 정점이 있다. 우리의 비전이 성취되고 우리가 본 것을 얻을 때가 있다. 이것이 바로 우리가 추구해야 하는 것이다. 에베소서 4:15에 말씀하신 것처럼 "범사에 그에게까지 자랄지라 그는 머리니 곧 그리스도시라" 라는 말씀은 확실하다.

릭 조이너　Rick Joyner

## 영광스러운 추구에 대한 비전

### 에베소서 1장 연구

**1장** 산으로 올라감 · 12
**2장** 하나님 나라로 가는 지도 · 24
**3장** 온전한 목적을 위한 비전 · 30
**4장** 목적을 위해 예정된 것 · 36
**5장** 우리의 받을 유업의 경이로움 · 42
**6장** 잘 알려진 사랑 · 48
**7장** 볼 수 있는 눈 · 52
**8장** 경작하는 능력 · 56
**9장** 궁극적 권위 · 60

## 1장 산으로 올라감

크리스천의 삶이란 우리가 이 생애에서 경험할 수 있는 궁극적인 추구이며 가장 위대한 모험이다. 누구나 가져야 하는 가장 거룩한 명분과 위대한 목표는 만왕의 왕을 섬기는 것이다. 모든 크리스천들은 그 어떤 세상적인 일과 세상적인 지위보다도 더 높은 소명을 받았다. 이 책은 신약에서 가장 뛰어난 성경 말씀의 하나로 볼 수 있는 바울이 에베소 사람들에게 보낸 서신으로, 모든 크리스천들이 어떻게 이 영광스러운 목표를 이행할 수 있는가에 대한 연구서이다.

나의 저서 「빛과 어둠의 영적 전쟁」이 기독교적 삶의 중요성을 나타냈기 때문에 널리 읽히게 되었다고 한다. 그 책의 메시지로 인해 나 자신의 삶과 내가 전하는 메시지가 근본적으로 바뀌었음을 고백한다. 내가 쓴 환상들의 목적은 단지 흥미로운 책을 만들자는 것이 아니라 크리스천들이 대의명분을 갖고 실제로 모험을 추구하며 살아가도록 이끌자는 것이다. 지금 여러분의 손에 있는 이 책은 꿈들을 실현하며, 비전들을 궁극적으로 이루어질 목표로 만들고자 하는 사람들을 위한 것이다.

「빛과 어둠의 영적 전쟁」에 쓴 환상에서 나는 산을 올랐었다. 그것은 웅대하고 엄청난 산이었다. 오르는 것이 쉽지 않았지만 그 산의 머리엔 영광이 씌워져 있었다. 그 산은 성경, 즉 하나님의 말씀을 의미했다. 인간에 의해 깨달아졌어야 하는 가장 거룩한 대의 명분과 고귀한 생각들이 성경에 있다. 성경에 쓰여진 주님의 길들을 이해하고자 하는 일은 어떤 것과도 비교할 수 없는 그 자체가 신나는 모험이다. 성경은 우리의 인생을 안내하는 지도이며, 그 목표는 생명이다. 그 목표에 대한 모험은 실질적인 것이다.

내가 본 산에는 성경적 진리들을 의미하는 여러 다른 층들이 있었다. 첫 단계에 있는 진리를 이해함으로 다음 단계로 올라갈 수 있었다. 그 환상의 기본적인 메시지는 크리스천의 삶을 만들어가는 예정된 체계가 있는 진보였다. 우리의 진보란 성경에 계시된 주님의 진리에 대해, 그리고 우리의 성품을 더욱더 왕 되신 주의 성품과 같게 되도록 바꾸시는 주님의 진리를 체계적으로 이해하는 것이다. 이것으로 변화된 성품은 주님의 이름으로 위대한 공적을 이루기 위해 더 큰 믿음과 더 큰 권능으로 나아간다. 이 책은 윤곽이 잡혀 향상되는 기독교적 삶의 실질적이며 단계적인 추구에 관한 것이다.

이 메시지의 진리로부터 유익을 얻기 위해, 우리는 주께서 우리의 삶에 허락하신 환경에 대한 원인과 적의 공격으로 고통 받게 하시는 근본적인 이유가 우리를 영적 성숙의 산에 더 높이 올라가게 하려는 것임을 깨달아야 한다. 이러한 깊이로 에베소서를 공부해 나갈 것이다. 우리보다 앞서 살았던 가장 위대한 성인 중 한 사람인 사도 바울에 의해 쓰여진 에베소서는 산에 오르는 실질적인 길이 있는 지도이다.

에베소서를 한 구절 한 구절 공부함으로, 교회이든 개인이든 우리를 주님 안에 있도록 부르신 가장 분명하고 광대한 비전을 보게 될 것이다. 이 서신은 산을 오르는 데 필요한 지도와 같을 뿐 아니라, 그 안에 산 정상을 가리키는 나침반을 가지고 있다. 또한 다음 단계에 대한 실질적인 깨달음과 정상에 오르고자 하는 열정을 갖도록 우리의 마음을 사로잡는다. 이 서신은 이러한 추구가 왜 이 땅에서 가장 위대한 인간적인 모험인지를 잘 알려주고 있다.

그러므로 에베소서를 읽는 모든 이들이 지속적으로 주님 안에서 더 높은 곳을 향해 가도록 격려 받고 도전 받는 것이 나의 기도이다. 우리 목표는 주님처럼 되는 것이며, 주의 이름을 영화롭게 하기 위하여 주께서 하신 일들을 하는 것이다. 우리가 이 시대의 끝을 향하여 갈 때, 그곳에서 산에 올라 정상에 우뚝 서 있는 교회를 보게 될 것이다. 그때에 온 세상은 주님이 창조하신 모습 그대로의 인간을 보며 두려움과 경이로움을 느끼게 될 것이다.

「빛과 어둠의 영적 전쟁」에서 산을 오를 때에 엄청난 수고가 필요했다. 모든 발걸음 하나 하나를 지켜 보아야 하는 집중력이 필요했을 뿐더러 동시에 적과도 싸워야 했다. 나는 아직도 매번 새로운 단계에 도착할 때마다 느꼈던 의기양양함과 안도감을 생생하게 기억한다. 그곳에는 쉬면서 힘을 다시 충전할 작은 공간이 있었다. 그러나 가장 좋았던 것은 각 단계에서 나의 위치와 산 위에서 나를 둘러싼 모든 전쟁터를 훤히 볼 수 있었다는 것이다.

각각의 단계에는 더 큰 비전과 깨달음이 있었다. 새로운 단계에 도착할 때 마다 먼 곳에 있는 산으로 올라가는 길을 볼 수 있는 것이 얼마나 큰 격려가 되었는지 아직도 생생히 기억할 수 있다. 휴식과 평화에 대한 소망보다 훨씬 더 큰 것이 정상에 드리워져 있었다. 조금 더 높은 곳에 이르는 길을 보며 나는 힘을 얻었고, 전쟁의 최악의 상태에서도 용기를 얻었다. 나는 아직도 이것이 다른 어떤 것보다도 우리 크리스천을 인생의 전쟁터 속에서 참고 이겨 나가도록 돕는 것이라고 생각한다. 그러므로 우리는 더 높은 곳을 향하는 비전을 가져야 한다. 성경의 어떤 말씀들보다도 에베소서는 우리가 지금 있는 단계와는 상관 없이 높은 곳을 향하는 길을 위해 비추어 주는 빛과 같다.

산의 더 높은 곳으로 쉬지 않고 오르려는 나의 마음속 깊은 손짓에도 불구하고, 내가 도착한 그 단계에서 정말로 갖추어야 할 분별력을 갖출 때까지 머물러야 한다는 것을 알았다. 어떤 길은 올라가기가 고통스러웠고, 어떤 특정 지점에서는 다른 곳보다 더 길게 머물러야 했다. 환상에서 나는 경쟁적으로 정상을 향해 올라가는 많은 사람들을 보았다. 그러나 그들 누구도 그것을 이루지 못했다. 계속 올라가기를 원했었음에도 목표만큼 속력이 나지 않았다. 그러나 단지 조금 더 높은 곳으로 가고자 하는 것만이 아닌 정상을 향한 실질적인 발걸음은 빨라졌다. 이것이 바로 영적으로 성장하고자 하는 우리들이 가져야 할 신앙심이다. 우리는 더 높이, 더 높이 나아가야 하지만 히브리서 6:11-12의 말씀처럼 바위 같은 단단한 기초 위에 이것을 이루어 나가야 한다.

> 우리는 너희 각자가 끝까지 소망의 온전한 확신을 향하여
> 같은 부지런함을 보여 주기를 원하노니
> 이는 너희가 게으른 자가 되지 아니하고
> 믿음과 인내를 통하여 그 약속들을 유업으로 받는 사람들을
> 따르는 자들이 되게 하려는 것이라

약속을 유업으로 받기 위해서는 믿음과 오래 참음이 필요하다. 왜 우리에게 이러한 큰 '믿음의 운동'이 있어야 하는지 생각해 본 적이 있는가? 동시에 '오래 참음의 운동'에 대해 들어 본 적이 있는가? 다음은 위의 두 구절에서 비롯된 이 책을 읽는 사람들을 위한 나의 기도이다.

1) 여러분의 행보에 게으르지 않도록 부지런함으로 나아가길
2) 끝까지 여러분을 지켜줄 온전한 소망의 확신 속에서 성장하길
3) 약속들을 유업으로 받기 위해 믿음과 오래 참음으로 나아가길
4) 그리고 여러분의 승리가 다른 이들이 보고 그들도 같은 추구함을 갖기 원하도록 그들을 독려하는 것이 되길

우리는 주님과 함께 하는 우리의 걸음이 점점 성장해가는 비전을 가져야 한다. 그러나 우리가 올라가는 높이는 우리의 기초의 튼튼함에 달렸다. 많은 믿는 자들이 지속적으로 경계하여야 하는 두 가지가 있다. 첫째, 대부분 믿음에 단단한 기초를 가지고 있는 사람들이 높이 올라가려는 비전을 갖지 않는다는 것이다. 그들의 비전은 단지 단단한 기초에만 있고 하나님이 그 기초 위에 지으시려는 것에 대하여는 거의 인식하지 못한다. 두 번째, 심각한 위험은 더 높은 곳을 향해 올라가려는 비전을 가진 사람이 너무 성급하여 강한 기초를 둘 수 없기 때문에 약한 기초를 가지고 있는 것이다. 올라가려 할 때 단단한 땅에 발을 디디고 오래 참음을 통해 믿음과 비전을 잘 결합시켜나가야 한다. 비전이 없는 기초를 가진 자들은 정체될 것이고, 비전은 있으나 성경에 대한 헌신과 온전한 가르침이 없는 자들은 그들이 더 높이 올라가면 갈수록 위험해질 것이다.

그러므로 우리는 비전과 영적 위업을 더 높이고자 하는 만큼 끊임없이 우리의 기초를 단단히 하여야만 한다. 성령의 열매인 주님의 성품을 닮아 갈 때까지 이 세상에서 아직 우리의 목표를 이룬 것이 아니다. 우리

가 주께서 하신 일들, 즉 직분과 성령의 은사를 효과적 사용하지 않는다면, 우리는 성숙하여 열매 맺도록 부름 받은 것을 아직 이루지 못한 것이 된다.

이 책은 필요에 의해 에베소서의 각 구절들을 짧은 장으로 나눠 놓았다. 성경을 빨리 배우고자 하는 학생들에게는 성경은 군더더기와 반복들로 가득 차있게 보일 것이다. 그러나 이것은 성스러운 의도에 의한 것이다. 어떤 연구 기록은 10%도 안되는 사람들만이 그들이 처음 듣는 새로운 개념을 기억할 수 있다고 보고한다. 대부분의 보통사람들은 최소한 네 번 정도 반복하여 들어야 기억할 수 있다고 한다. 크리스천으로서의 우리의 목표는 단지 진리를 이해하고 담아두는 것에서 더 나아가 진리가 우리의 성품이 되는 것이다.

주님의 말씀대로 반석 위에 집을 짓는 자는 하나님의 말씀을 듣는 자가 아니라 듣고 순종하는 자이다. 그러므로 우리는 그분의 말씀을 듣고 깨닫기 원하여야 하고 이것이 시작이라는 것을 또한 알아야 한다. 우리는 그분 말씀을 행하는 자이어야 한다.

하나님 안에서 진실된 믿음을 갖는 사람들은 단지 성경에서 일어났던 모든 일들이 실제로 일어났다는 것을 믿는 사람들이 아니다. 그것도 물론 중요하지만 그것만으로 충분하지 않다. 성경에 대한 진실된 믿음을 가진 사람은 성경에서 행하여졌던 일들을 보기 위한 믿음을 갖게 될 것이며, 그것이 그들의 삶 속에서도 행하여진다는 믿음을 갖게 될 것이다. 하나님의 말씀은 살아계시다. 바로 지금 이 순간에도 살아계시다. 다음은 주님께서 마귀에게 시험을 당하실 때 인용하신 성경이다. "기록되었으되 사람이 빵으로만 사는 것이 아니요 하나님의 입에서 나오는 모든 말씀으로 사느니라"(마 4:4). 바로 이것, 하나님의 입에서 나오는 말씀이라는 것에 주의하라. 나온 말씀이 아니다. 우리가 하나님의 말씀으로 살고 있다는 것은 지금, 현재 주님이 우리에게 말씀하시고 계신 그 말씀으로 살고 있다는 것이다.

그들의 삶을 가장 위대하게 이룬 사람들은 언제나 비전의 사람들이었다. 그러나 비전 자체만으론 충분치 않다. 위대한 비전을 가진 사람들이 그 비전만으로 하늘에서 가장 위대한 영웅이 되는 것은 아닐 것이다. 더 작은 비전이라도 그것을 이룬 사람이 이루지 못한 큰 비전을 가진 자보다 더 위대해질 것이다. 높은 수준의 비전은 그것을 성취하기 위한 실질적인 가르침의 지속적인 보강이 없는 한 믿음에서 실패하게 될 것이다.

하나님의 진리의 산에 올랐을 때 개인적인 인정받음과 상에 대한 열망은 우리를 하찮은 곳으로 끌고 가는 것이 될 것이다. 우리가 솔직하다면 혼자로는 앞으로 있을 전쟁을 이겨나가기엔 너무 미약하다는 것을 인정하고 다른 사람들에게 올라오도록 동기를 부여해야만 한다. 나는 산에 올랐던 환상에서 내 위에 한, 두 단계가 남아 있는 것을 보았다. 가끔 위에는 아무도 없었다. 산을 올라 가면 갈수록 사람들은 점점 적어질 것이다. 그러나 바로 이 때 우리는 위의 영광의 빛이 희미하지만 우리가 계속 나아갈 수 있도록 충분하게 비춰지고 있다는 것을 알아야 한다.

우리가 깊이를 알 수 없는 주님의 영광을 전적으로 보기 시작할 때, 개인적인 인정받음을 구하는 것은 다른 이들이 주를 찾는 것을 산만하게 흩어 놓으며 그들을 점차적으로 오염시키는 것이다. 누가 감히 그분 앞에서 영광과 인정받음을 논할 수 있는가? 우리가 아직도 우리 자신의 영광과 인정받으려는 것을 추구하고 있다면 그것은 바로 우리가 영적 성숙의 가장 낮은 단계에 있다는 것을 보여 주는 것이다.

그러므로 큰 심판의 날에 우리의 왕 되신 분으로부터 "잘하였도다 착하고 충성된 종아!"(마 25:21)라는 말을 듣는 것보다 더 큰 만족은 없다. 더 높이 올라가는-영적으로 성장하는-것보다 더 큰 만족은 없다. 우리가 영적으로 성장하면 우리는 점점 자기 중심적인 것에서 그리스도 중심적이 된다. 결국 우리의 가장 큰 만족은 우리가 인정받는 것에 있는 것이 아니다. 그것을 통한 왕과 그분의 메시지를 생각해야만 한다.

우리가 그분의 영광을 알면 우리는 그 영광에 도취되어 어떤 고통도 이겨내고, 단지 더 가까이 가기 위해 전쟁도 불사할 것이다. 그의 영광을 볼 때 우리는 그 영광으로 인해 변화되어 그분이 보시는 것을 보기 시작할 것이고, 그분이 느끼시는 것을 느끼고, 그분이 생각하시는 것을 생각하게 될 것이다. 주님의 마음은 아직도 마귀에게 잡혀 그들의 의지대로 움직이고 있는 잃어버린 자들에게 있다. 그러므로 그분의 영광 속에서 더 높이 올라가면 갈수록 그들에게 돌아가 그들이 자유함을 얻어 스스로 산을 올라가기 시작하도록 도우려는 마음의 열망이 우리에게 일어날 것이다. 이러한 이유 때문에 우리는 올라갈 때와 더 높이 올라갈 때 그리고 또한 다른 이들을 돕기 위해 돌아와야 할 때가 있다는 것을 알아야 한다.

그러나 우리가 더 높이 올라가면 갈수록, 더 많은 영광을 보면 볼수록 우리는 그 영광으로 인해 더욱더 변화되어 아직도 어둠에 있는 이들을 더 많이 도울 수 있게 될 것이다. 이것은 야곱이 하늘로 뻗어 있는 사다리를 보았을 때 그가 알게 된 것이라고 나는 생각한다. 하나님의 천사들(메신저들)이 오르락 내리락 하고 있었다. 예수께서 요한복음 1장 51절에서 나다나엘에게 말씀하실 때 스스로를 이 사다리로 언급하셨다. "진실로 진실로 내가 너희에게 말하노니 너희가 이 후로 하늘이 열리고 하나님의 천사들이 인자 위에 오르내리는 것을 보리라." 예수는 우리가 오르내릴 야곱의 사다리이다.

어떤 경우엔 이것이 역설적으로 들리겠으나 그리스도 안에 있는 우리의 부르심은 올라감과 내려옴, 둘 모두 다이다. 우리는 천상으로 올라가 그곳에서 그분과 함께 앉도록 부름 받았고, 동시에 하늘의 실체에 대한 증거를 가지고 땅으로 내려가도록 부름 받았다. 왕의 자녀로서 우리는 우주의 위대한 귀족 구성원인 것이다. 그러나 우리는 가장 낮은 죄인들에게도 가서 그들의 종이 되어 그들이 이 진실된 고귀함을 알도록 도와야 한다.

「빛과 어둠의 영적 전쟁」에 쓴 환상들 중에서 영광을 보고 변화되면 될수록 더욱더 그것을 가릴 겸손의 옷을 입을 필요가 있다는 것을 배웠다. 이것 역시 역설적으로 들릴 것이다. 그러나 하나님의 영광을 경험할 때 우리에게 필요한 것은 더 고귀한 지혜이다. 이것이 사람들을 눈멀지 않게 하면서 그들에게 빛을 비추기 위하여 우리가 영광을 사용할 수 있게 하여 줄 지혜이다. 꽤 오랜 시간 동안 어둠에 있었던 사람들은 아주 작은 빛에도 고통스러워 할 수 있다. 우리는 항상 우선 그들이 조심스럽게 사용되기 원하고 그들이 점점 눈을 떠 더 많은 빛을 볼 수 있도록 돕기를 원한다.

영광이란, 우리를 안으로부터 시작하여 바깥까지 변화시키는 것을 의미하고 그 영광은 우리의 말과 행동을 통해 드러나기 위해 숨겨져 있다. 그러므로 주님의 가장 진실된 영광을 가지고 있는 사람들은 가장 겸손한 옷을 입을 것이다. 주님의 영광을 본 사람들은 자신들이 스스로에 대한 관심을 끌어내려 하고 있는 바로 그 생각에 놀란다. 영광 받으신 주님의 이름을 보기 위해 사는 것이지 자신에 대한 관심을 끌어내기 위해 사는 것이 아니다. 그의 영광을 본 사람들은 우리가 이 세상 삶에서 얻을 수 있는 그 어떤 커다란 영광조차도 그분의 나타나심 속에서는 해가 뜨기 시작할 때의 별들처럼 빛을 잃을 것이라는 것을 안다.

나의 환상 속에서 한층 높은 진리를 의미하는 산 위 바위 턱은 점점 더 좁고 불안전해졌다. 아주 단단히 발을 버티지 않고는 한 사람도 산의 더 높은 곳으로 안전하게 올라갈 수 없었다. 우리의 목표는 더 높이 올라가는 것이고 동시에 우리의 설 자리를 더욱 확실하게 만드는 것이다. 그러므로 우리가 구하는 비전은 언제나 끊임없는 실험과 반복을 통해 지속적인 시험, 반복 그리고 믿음의 기본 개념의 존중으로 단단히 새겨질 것이다.

나는 환상이나 실제 삶 속에서 많은 이들이 산에서 떨어지는 것을 보았다. 떨어진 이들은 필시 기초가 되는 것에는 자만하며 그저 높이 올라가려 한 사람들이었다. 가장 기초적인 기독교적 진리를 전적으로 다 이해했다고 생각하더라도, 더 깊은 지혜와 깨달음이 있다는 것을 알아야 한다. 더 깊은 기본 진리에 대한 연구는 우리가 더 높이 올라가야 하는 동기를 부여한다. 나의 환상 중에 더 낮은 곳으로 가는 것 같아 보여 아무도 통과하기를 원치 않는 몇 개의 문이 있었다. 그러나 실제로 그것은 정상으로 올라가는 지름길이었다.

믿음의 기초들을 더 깊이 파는 것은 절대 고갈될 수 없는 지혜의 본 광맥으로 연결된 풍부한 자원을 얻는 것이다. 각각의 기초들은 아주 오랫동안 우리의 관심을 붙잡을 만한 깊이를 헤아릴 수 없는 보물을 갖고 있다. 그러므로 나는 산의 각각의 단계에 얼마간 머물며 그곳에 있는 보물을 캐내는 사람들에게 감사한 마음을 갖는 것을 배웠다. 그것은 우리 모두에게 유익을 주는 진리의 끝없는 풍성함을 제공하는 것이다. 우리는 결코 더 낮은 수준에 있는 것처럼 보이는 사람들에게 교만해서는 안 된다. 그들은 우리들보다 더 깊이 갈 수도 있고, 그들이 오르기를 시작하면 짧은 시간 내에 더 높이 올라갈 준비가 되어 있을 수도 있다.

나는 나의 소명이 대부분 산을 오르고 있는 사람들을 향한 것이라는 것을 안다. 그들은 기본적으로 이런 종류의 책에 끌릴 사람들이다. 그래서 여러분들이 이 책을 읽음으로 지혜와 겸손으로 오르지 않을 수 없고, 성공적으로 산을 정복하는 것에 필요한 진리의 기본을 끊임없이 기억나게 해주는 것에 감사하게 되기를 기도한다. 성경에도 이러한 되새김과 반복을 볼 수 있는 것과 같이 이 책에도 많은 되새김과 반복이 있다. 우리에게는 더 높은 곳으로 올라가라는 부르심이 지속적으로 필요하고, 반면에 되새기는 것 또한 우리의 기본이 되어야 한다. 둘 다 잘할 수 있는 사람이 많지 않은 것 같으나 우리는 해야만 한다.

나는 정상에서 여러분을 만나기 원한다. 우리가 미끄러져 떨어진다 할지라도, 또 우리가 상처와 방해로 고통을 받는다 할지라도 함께 문제를 풀어가도록 하자. 우리는 그분의 영광 앞에 승리하여 설 때까지 계속 올라 더 높은 곳에 설 것이다.

## 2장 하나님 나라로 가는 지도

주님 안에서 지속적인 나아감과 성숙에 대하여
쓴 성경구절 중 베드로후서 1:2-7이 있다.

하나님과 우리 주 예수를
아는 지식을 통해 너희에게 은혜와
평강이 더욱 많아지기를 바라노라
그의 신성의 능력이 생명과 경건에
속한 모든 것을 우리에게 주심에 따라
그에 관한 지식으로 말미암아
우리를 영광과 덕에 이르도록
부르셨으니
이로써 우리에게 지극히 크고
귀한 약속들을 주심은 너희로 하여금
이 약속들을 통해서 정욕으로 인해

세상에 있게 된 타락을 피하여

하나님의 본성에 동참하는 자가 되게 하려 하심이라

이뿐만 아니라 너희가 더욱 전심 전력하여

너희의 믿음에 덕을, 덕에 지식을 지식에 절제를,

절제에 인내를, 인내에 경건을,

경건에 형제 우애를,

형제 우애에 사랑을 더하라

많은 그리스도인들이 패배와 좌절 속에 사는 이유 중 하나는, 그들이 산 정상에 대한 비전을 받으면 한 단계 한 단계 오르는 것을 배우지 않고 곧바로 산을 오르려 하는 것이다. 정상으로 바로 오르려는 사람들의 열정은 경탄할만하지만 기독교인의 행위는 실제적인 것이어야 한다. 우리가 거듭났을 때는 모든 것이 새롭다. 그러나 우리의 마음을 새롭게 하는 과정이 있어야만 한다. 이 공부에 대한 목표는 알맞은 과정을 제공하는 길을 따라가는 것이다.

디모데전서 1:5에 말씀하셨듯이 "경계의 목적은 청결한 마음과 선한 양심과 거짓이 없는 양심으로 나는 사랑이거늘." 킹제임스 버전에서는 이 구절의 마지막 부분을 "가식 없는 믿음"으로 번역하고 있다. 기본적으로 우리의 목표는 순수한 마음으로부터 나오는 사랑과 지속적이고 흔들림이 없는 믿음을 갖는 것이다. 목표는 산 정상이지만 어떻게 그곳에 갈 것인가? 그것은 위에 인용한 베드로후서 말씀으로부터 다음의 과정을 통하여 된다는 것을 추론할 수 있다.

1) 하나님과 우리 주 예수를 앎으로 은혜와 평강이 너희에게 더욱 많을지어다

우리의 첫 번째 목표는 주님에 대해 배우는 것이다. 그분의 행위뿐 아니라 그분의 방법까지도 알고자 해야 한다.

2) 그의 신성한 능력이 그에 관한 지식으로 말미암아 우리가 필요한 모든 것을 우리에게 주시었으니

우리는 우리의 힘이 아닌 그분의 능력으로 산다. 이것 역시 우리가 그분을 아는 것을 통해서만 도달할 수 있는 것이다.

3) 이로써 우리에게 지극히 크고 귀한 약속들을 주심은 이를 통해 하나님의 본성에 동참하는 자가 되게 하려 하심이라

무엇보다도 가장 큰 약속은 하나님과의 관계가 회복되는 것이다. 우리가 그분 곁에 갔을 때 우리는 우리를 그분과 같은 형상으로 바꾸실 그의 영광을 보게 된다.

4) 그분은 정욕을 인해 세상에서 썩어질 것을 우리로 하여금 피하게 하셨다

육신의 정욕으로부터 자유로워지기 위해 정욕에 초점을 맞추는 것이 얼마나 부질없는 것인지를 율법은 보여 준다. 우리는 주님의 영광에 잡힌바 됨으로써 세상의 정욕으로부터 자유함을 얻는다.

5) 그러므로 더욱 힘써 믿음에 더하여야 나가야 할 것들이 있다

덕을,
덕에 지식을,
지식에 절제를,
절제에 인내를,
인내에 경건을,
경건에 형제 우애를,
형제 우애에 사랑을.

이 말씀은 분명히 이전의 것 위에 각각의 성품들을 세워가는 방법으로 이루어져 있다. 이것은 내가 환상에서 본 일곱 개의 기본 단계와 같다. 이들 각각의 단계들도 많은 면들을 포함하고 있었다. 예를 들면, 지식의 단계에 깊은 진리의 광산들이 수없이 많았다. 경건의 단계에도 역시 많은 성령의 능력의 은사들이 있었다. 그렇기 때문에 다시 강조하지만 우리는 능력 없이 하나님처럼 될 수 없고, 능력 없이 위대한 분의 증인이 될 수 없다. 그러나 궁극적인 목표, 즉 가장 높은 단계는 사랑이다.

베드로후서 1:8-11이 말씀하듯이,

> 이런 것들이 너희 안에 있어 풍성해지면
> 그것들이 너희로 우리 주 예수그리스도에 대한 지식에
> 관한 한 게으르거나 열매 없는 자가 되지 않게 할 것이라
> 그러나 이런 것들이 결여 되어 있는 자는
> 눈멀고 멀리 볼 수 없으며 자신이 옛 죄들에서 깨끗하게
> 된 것을 잊은 것이라
> 그러므로 형제들아, 오히려 더욱 힘써서
> 너희의 부르심과 택하심을 확고히 하라.
> 너희가 이러한 것들을 하면 결코 실족하지 않을 것이요

> 이같이 하면 우리 주요 구주이신 예수 그리스도의
> 영원한 왕국에 들어가는 입구가 너희에게
> 풍성하게 마련될 것이니라

우리의 목표는 왕 되신 그분 곁에 사는 것으로, 매일 매일을 하나님 나라에서나 어디에서나 온전하게 사는 것이다. 그렇게 산다면 우리는 그분의 본성을 갖게 될 것이고, 주님이 우리를 사용하셔서 원하셨던 일들을 이루실 것이다. 우리는 우리의 모든 생각이 그분에게 사로잡혀서 순종하게 되기를 원한다. 우리는 그분이 생각하시는 것을 생각하고, 그분이 말씀하시고자 하는 것을 말하기 원한다. 우리는 주님이 하신 것처럼 모든 사람을 보고 듣고 이해하여, 주님이 우리를 통하여 그들을 만지시기를 원하셨던 방법으로 그들을 만지기 원한다. 우리는 우리를 통해 흘러 넘치는 그분의 능력으로 그 사랑을 선포하며 하나님의 사랑 안에 있기 원한다.

베드로후서에 쓰여 있는 성품들로 성장하는 것이 '풍성하게' 공급되는 하나님 나라로 들어가는 입구임으로, 이들 각각은 더욱더 깊이 생각할 가치가 있다. 우리는 이것을 다음 장부터 시작할 것이다.

# 3장 온전한 목적을 위한 비전

이 공부는 '온전한 목적'이라는 의미를 가지고 있는 에베소에 보낸 서신에 기초를 두고 있다. 먼저 온전한 목적에 대한 교훈을 마음에 담아야 한다. 우리의 목표는 단지 주님을 위해 무엇인가를 하는 것이 아니라 세상의 기초가 놓이기 전에 우리에게 주어진 온전한 목적을 수행하는 것이다. 에베소서는 가장 숭고한 명분인 만왕의 왕을 섬기는 것과 같은 가장 고귀한 추구를 위해 사는 사람들에 대한 부르심이다. 이것을 바로 지금 여러분의 마음에 간직해야 한다. 여러분은 값을 주고 사신 바 되었고 더 이상 자신의 것이 아니라는 것이다. 이 땅에 있는 모든 고매한 목적을 위해 부르심을 받은 여러분은 왕을 섬기는 자이다.

에베소서는 바울이 교회의 목적에 대한 영광스러운 비전을 분명히 전하는 구성 방식으로서 에베소 교회에 보내는 편지라는 것에 주목하자. 1세기에 에베소는 로마 제국이나 교회에 전략상 가장 중요한 도시 중 하나였다. 이 도시가 교회가 받은 소명에 대한 사탄적 상대를 의미하는 디아나 여신 숭배의 중심지였다는 것은 우연이 아니다. 지역과 도시를 지배하는 주요한 견고한 진은 그 지역과 도시를 향한 하나님의 목적에 대항하는 것으로 보는 것이 일반적인 견해이다.

주님께서는 에베소에 있는 이 평범하지 않은 교회를 포함해 아시아의 일곱 교회에 그분의 메시지를 말씀하실만 하셨다. 그러므로 우리는 주님이 에베소에 주시는 메시지의 일반적인 것과 이러한 메시지들에 대한 배경을 더 잘 이해하기 위해 다른 성경의 참고 자료들을 공부할 것이다.

사도행전 18장에 있는 에베소에 대한 첫 언급은 이 도시의 커다란 영적 역사에 대해 무엇인가 의미 있는 시작을 가리키고 있는 것 같다. 전도 여행 중 바울은 에베소에 머물러 그가 늘 그랬듯이 회당에서 유대인들과 논쟁을 시작했다. 에베소 사람들은 바울이 좀더 머물러 주기를 원했지만 바울은 예루살렘에서 축제일을 지내기 위해 거절했다. 그것은 바울이 복음을 나눌 수 있는 열린 문에 등을 돌린 것 같으나 아직 때가 차지 않았다고 느낀 것이 분명하다.

후에 바울은 에베소를 다시 방문했고 요한의 세례만을 아는 몇몇 제자들을 보았다. 바울은 그들에게 성령 세례를 가르쳤고, 그들이 성령 세례를 받을 수 있도록 기도했고, 그들은 성령 세례를 받았다. 이것으로 바울은 더 오래 머무르며 두란노 서원에서 2년 동안 가르쳤다. 이곳이 역사에서 가장 뛰어난 서원 중의 하나가 되었다. 주님이 바울을 통해 '엄청난 기적들을' 행하기 시작하였다. "아시아에 사는 자는 유대인이나 헬라인이나 다 주의 말씀을 듣더라"(사도행전 19:10). 그 수업이 과연 어떠했을까!

바울이 2년 동안 서원에서 가르침으로 모든 아시아인들이 주님의 말씀을 듣는 일이 일어난 것은 놀라운 일이다. 그곳은 영적 증폭기 혹은 영적 확정기가 있는 영적 전략 지대였다. 그러한 장소에서 일어난 일들은 멀리까지 소문이 난다. 이런 장소들 중 어떤 곳은 이러한 일들이 영구히 일어난다. 예를 들면 예루살렘 같은 곳이다. 그러나 안디옥이나 에베소 같은 곳은 특정 기간 동안만 그 기름 부음을 가지고 있었던 것 같다. 또한 이러한 기름부음이 일어나기 시작할 때 사탄도 항상 자신의 목적을 위해 그곳을 사용하려 한다. 에베소에서도 사탄은 여신 디아나를 이용하여 온 세상에 그녀에 대한 예배를 펼치려 했다.

원수 마귀는 어느 곳에서나 주님이 하시는 일은 무엇이든 선취하여 모방하려 할 것이다. 주님은 그분의 목적을 위해 이것을 허락하신다. 주님의 일과 마귀의 일 사이의 충돌로 서로의 차이가 드러날 것이고 진짜는 더욱 강하게 될 것이다. 주님이 우리에게 아무런 충돌이 없기를 바라셨다면 부활하셨을 때 즉시 사탄을 결박하시고 바로 이 땅에 주님의 나라를 세우셨을 것이다. 그러나 이 전체 교회 시대는 우리를 위한 것이다. 이것은 통치를 위한 훈련이다. 주님은 그것이 쉽게 이루어지도록 예정하시지 않으셨다.

에베소에서 본 또 다른 교훈은 이 가장 중요한 교회의 처음 시작은 두드러지지도 않았고, 겉으로 보기에도 보잘 것이 없었다는 것이다. 역사를 통해 볼 때 하나님의 가장 위대한 역사의 대부분은 가장 비천한 시작을 가지고 있었다. 예수님조차도 마구간에서 태어나셨다. 그가 예수인 것을 알 수 있었던 것은 오직 계시에 의해서였을 뿐이었다.

1세기 이후 가장 위대한 기독교 운동은 만지심을 받았던 사람들의 숫자로 보아 틀림없이 오순절 부흥이라고 볼 수 있다. 그것은 가진 것은 없으나 오직 주님에 대한 열망을 가진 아주 가난한 한 줌의 사람들로 시작되었다. 그들은 산소보다도 더 주님을 원했다. 그 아주 작은 그룹이 아직

까지도 온 세상을 태우고 있으며, 해가 갈수록 수천 수억을 만지는 성령의 불을 지피고 있다. 중대한 일을 하도록 쓰임을 받은 사람들에 대한 첫 번째 시험은 작고 겉으로 보기에 보잘 것 없는 작은 것에 충실하느냐는 것이다.

바울이 에베소에서 우연히 만난 이 제자들의 작은 그룹은 어떤 면에서는 아주 슬픈 그룹이었고 다른 면에서는 아주 고무적인 그룹이었다. 그들이 오직 요한의 세례만 알고 있었다는 것이 슬픈 일이었다. 요한은 먼저 보내진 자로 예수님의 길을 가르치기 위해 온 사람이다. 그러나 요한이 길을 준비한 그분 또한 오셨다 가셨다는 것을 이들은 알지 못한 채 여러 해를 지냈다. 교회 역사를 통해 우리는 선두주자 운동의 흥분에 잡혀 있어 길을 준비하는 운동으로 도약하는 것에 실패하는 많은 비슷한 그룹들을 본다.

이러한 제자들에 대해 고무적인 것은 아주 오랫동안 적은 숫자이지만 신실하게 남아 있었다는 것이다. 요한의 세례와 바울의 방문 사이에는 거의 20년이라는 세월이 있었다. 오늘날은 하나님이 약속하신 것을 20주도 기다리기 힘들어 한다. 그들이 믿음으로 서 있었기 때문에 주님은 당신의 가장 위대한 사도를 그들에게 보내셔서 요한이 그들에게 준비시켰던 것을 완성하게 하셨다. 그 열 두 명의 신실한 사람들이 기초가 되어 그 위에 중요한 주님의 일들이 세워졌다.

나의 30년 사역 중에, 외관상 큰 잠재력을 가진 많은 사람들이 단 한 가지, 오래 참음의 부족으로 절망과 고통과 실패로 생을 끝내는 것을 보았다. 참지 못함이 우리를 다스리게 둔다면 우리는 하나님 안에 우리의 목적을 잃어버리게 될 것이다. 참지 못함은 성령의 열매가 아니다. 참지 못함이 우리의 행동을 마음대로 조절하도록 둔다면 성령은 우리를 결코 인도하시지 않을 것이다. 우리가 우리에게 주어진 것에 성실하다면 해가 뜬다는 확실한 사실과 같이 주님이 우리를 결코 잊지 않으실 것이라는 것을 알아야 한다.

기억해야 할 한 가지 원리가 있다. 여러분의 약속들이 성취되는 것이 시간이 걸리고 힘들면 힘들수록 그것들은 아마도 더 의미 있는 것이 될 것이다. 여러분의 약속들이 보다 쉽게 빨리 이루어진다면 아마도 그것들은 좀더 사소한 것일 것이다.

# 4장    목적을 위해 예정된 것

　그리스도 안에 있는 우리의 온전한 목적을 위해 쉬지 않고 공부하고자 한다면, 에베소서에 있는 이 계시의 깊이를 한 구절 한 구절 연구해야 할 것이다.

　이것은 에베소에 있는 성도들과 예수 그리스도 안에 있는 신실한 자들에게 바울 사도가 보낸 편지이다. 비록 우리는 에베소 출신은 아니지만 바울은 이 편지를 또한 "예수 그리스도 안에서 신실한" 자들에게도 보냈다는 것을 명심하자. 이 편지는 특별히 모든 세대를 통해 그리스도 안에서 신실한 자들에게 주어진 것이다. 모든 것에서 그리스도께 신실하게 되는 것이 우리의 기본인 소명이다. 이어서 다음 구절에 바울은 이와 같이 쓰고 있다.

이 장에 해당하는 구절은 에베소서 1:1이다.

하나님의 뜻에 따라 예수 그리스도의 사도가 된 바울은
에베소에 있는 성도들과 그리스도 예수 안에 있는
신실한 자들에게 쓰노니

하나님 우리 아버지와 주 예수 그리스도로부터
은혜와 평강이 너희에게 있을지어다

이것은 의미 있는 인사말이다. 바울은 아버지와 주 예수로부터 주어진 은혜와 평강을 주는 것으로 시작했다. 하나님의 은혜를 이길 수 있는 것은 이 땅 위엔 없다. 그리고 우리가 하나님의 평강 안에 거한다면 우리가 극복할 수 없는 것 또한 없다. 이것은 가장 궁극적인 축복이다. 바울이 이 가장 힘 있는 인사를 그저 우연히 쓴 것이 아니다. 우리는 이 인사말은 이 편지가 우리의 삶에 주고자 하는 것이라는 것을 추론할 수 있다.

또한 우리에게 주어진 하나님의 높은 소명을 알기 위해서는 하나님의 은혜와 평강을 이해하는 것이 필수라는 것을 알아야 한다. 하나님의 은혜는 겸손한 자에게 주어지고(약 4:6), 하나님의 평강은 의의 길을 걷고 주께 순종할 때 주어진다(롬 14:17). 우리는 이것에 대해 후에 더 깊이 공부할 것이다. 그러나 지금은 우리의 소명의 기초가 되는 하나님의 은혜와 평강을 날마다 간구하며 나아가야 한다는 것을 꼭 기억해야 한다. 바울은 3절에서 또 다른 깜짝 놀랄 만한 것을 기록했다.

> 그리스도 안에서 천상에 있는 모든 영적인 복으로
> 우리에게 복 주시는 하나님,
> 곧 우리 주 예수 그리스도의 아버지께서는
> 복 되시도다

우리는 "모든 영적인 복으로" 축복 받았다. 우리는 오직 이것만을 가지고도 여러 날 동안 길게 논할 수 있다. 우리는 우리가 받은 영적인 축복을 깨달아야 할 필요가 있다. 이것은 바울이 이 편지의 나머지 부분을 통해 더 발전시킨 우리가 연구해야 할 기본적인 주제이다. 지금 우리에게 주어지지 않은 영적 축복은 단 하나도 없다. 가장 작은 영적 축복이 가장 큰 세상의 축복보다 더 크고, 또한 이 땅 위에서 볼 수 있는 세상 보물보다 더 크다는 것이다. 세상 사람들은 모든 크리스천들이 받은 유업을 이해할 수도 없을 것이다. 우리가 깊이 있게 에베소서를 살펴야 할 이유 중 하나는 그리스도 안에서 자유롭게 사용 가능하도록 만들어 주신 것, 즉 바로 지금 우리가 시작할 수 있는 것이 무엇인가를 발견하는 것이다!

이 영적인 축복들은 "그리스도 안에서 천상에 있다"고 주님은 분명하게 말씀해 주셨다. 거듭 났을 때 우리는 새로운 피조물, 즉 문자 그대로 새로운 종류가 되었다. 우리는 하늘과 땅의 영토의 실체를 연결하는 종이 되었다. 우리는 실제로 땅 위에 보다 하늘에 있는 집에 더 많은 것을 가지고 있어야 한다. 고린도후서 5:5-7에 쓰여져 있는 것처럼,

> 이제 이것을 우리에게 이루신 분은 하나님이시며,
> 그분께서는 또한 우리에게 성령의 보증을 주셨느니라.
> 그러므로 우리는 항상 자신에 차 있어
> 몸에 있는 집에 거할 때 우리가 주로부터
> 멀리 떨어져 있다는 것을 아나니
> 이는 우리가 믿음으로 행하고
> 보는 것으로 하지 아니 함이라

우리는 또한 이것을 처음부터 깨달아야 한다. "하늘에 마음을 두고 있어 세상에는 익숙하지 않다"라는 비유가 있다. 이것은 어떤 면에서는 사실이다. 그러나 너무 세상에 마음을 두어 당신이 성령 안으로 들어가지 못하는 것보다는 그 길에 있는 것이 더 낫다. 우리의 소명은 하늘의 것이어야 한다. 진정 하늘에 마음을 둔 사람들은 이 땅에서도 역시 가장 선한 일을 지속적으로 한다.

세상보다도 영적인 영역에서 더 편안해 하는 것이 모든 크리스천의 성품이 되어야 한다. 그러나 영적인 영역에서 온전히 편하게 느끼는 크리스천은 아마도 거의 없을 것이다. 실제로는 크리스천들은 영적인 것들과 영적인 사람들을 두려워한다. 모든 성경적 예언들이 증거하는 것과 같이 이것은 이 시대가 끝나기 전에 바뀔 것이다. 바로 지금 우리의 영적 소명의 본질과 우리에게 주어진 모든 영적인 축복들을 이해하기 위해 구하기 시작하는 것은 옳은 것이다. 세상에 있는 모든 것들 중 가장 위대한 것이라도 하늘에 있는 가장 작은 것과는 비길 수 없다. 영적으로 장님이고 어리석은 자들만이 오직 그들의 세상 기업만을 생각한다. 이것이 이 편지에서 다루고 있는 또 하나의 주제이다. 우리는 그것을 더 온전히 연구할 것이다. 그럼 4절로 가보자.

> 하나님께서 세상의 기초를 놓으시기 전에
> 우리로 사랑 안에서 그 분 앞에 거룩하고
> 흠 없게 하시려고

우리 각각은 "세상의 기초가 놓이기 전에" 그분에 의해 알려진 바 되었고 그분 안에 선택되었다. 이것은 우리의 유한한 생각으로는 이해할 수 없지만 주님은 시작 전에 끝을 보실 수 있는 분이다. 그분은 우리가 존재하기도 전에 우리를 아셨다. 주님은 우리를 아시고 사랑 안에서 그 분 앞에 거룩하고 흠 없게 하시려고 택하신 것이다.

우리가 그분 안에 있는 우리의 목적을 성취하려 한다면 그분 앞에 거룩하고 의로울 것을 결단해야만 한다. 또한 우리가 하는 것이 그분의 임재 안에서 이루어져야 한다는 것을 항상 생각해야 한다. 그러므로 또한 우리는 죄 없고 흠 없이 주님과 동료들의 이름에 해를 주는 것은 어떠한 것도 하지 않을 것을 결단한다. 우리는 사랑 안에서 이것을 이룰 것이다. 이것 역시 에베소서에서 더 공들여 다룬 주제이고, 이 후에 더 깊이 있게 다룰 것이다. 이제 그리스도 안에 있는 우리의 목적에 대한 놀라운 계시가 이어지는 5절로 가보자.

> 하나님의 기쁘신 뜻을 따라
> 예수 그리스도를 통하여 우리를 자신의 자녀로
> 입양할 것을 예정하셨으니

우리는 주님에 의해 알려진 것뿐 아니라, 그분의 아들과 딸로 입양되도록 예정되었다. 크리스천은 세상에서 진정한 왕족이며 세상의 왕들이나 대통령보다 더 높은 하늘의 주인들에게 존경 받는 사람들이다. 이것이 주님의 선하신 기쁨이시고 그분의 의지인 것이다. 그분의 의지를 방해할 수 있을 정도로 충분히 강한 것은 그 어느 것도 없다. 그러므로 주 안에 우리의 유업은 세상적인 그 어떤 안정된 지위보다 더 안정되고 튼튼하다.

물론 우리들 중 그 누구도 그 유업을 받을만한 사람은 없다. 이것은 영원한 하나님의 은혜와 사랑에 대한 분명한 증거다. 우리가 아직 죄인이었을 때 그분이 이 우주에서 가장 값진 것으로, 즉 하나님의 아들을 대가로 치르고 우리를 사셨다. 누군가가 물건에 기꺼이 치르고자 하는 값으로 물건의 값이 매겨지듯이, 하나님은 그 어떤 것보다 귀한 그분의 아들로 당신의 값을 정하셨다. 이것이 하나님이 당신에게 매기신 값이라면 우리의 삶이나 다른 이의 삶을 무한한 가치의 보물로 귀히 여기고 단 하루도 경솔하게 낭비할 수 없을 것이다!

우리는 예정된 자들이다. 우리는 세상의 보물들보다 더욱 값어치 있는 운명을 가지고 있다. 그러므로 우리의 운명을 그리스도께 투자하자. 세상에는 그보다 더 많은 배당금을 받을 투자는 없다. 기본적인 영적 원리인 "너희 보물이 있는 곳에 너희 마음도 있느니라"(마 6:21)라는 말씀에 의하여 우리가 하늘 소명에 투자하면 할수록 우리는 그곳에서 편히 쉬게 될 것이고, 하늘의 유력한 그분의 영광과 능력이 우리의 생활 속에 더욱더 나타나게 될 것이다.

# 5장

## 우리의 받을 유업의 경이로움

우리는 그리스도 안에서 하나님에 의해 받아들여졌다! 이것은 모든 기독교적 진리의 가장 기초되는 것이지만 우리가 이해하기에 가장 힘든 것 중 하나이다. 선악과는 우리가 인정받기 위해 무엇인가 해야만 한다고 생각하게 만들었다. 대부분의 인생은 누군가의 기대, 우리가 한 일에 대한 상벌의 끊임없는 판정과 점수 매김의 끝없는 전쟁터이다. 그리스도에 대한 그가 십자가에서 이루신 것을 제외한 그 어느 것으로도 최후의 상급과 왕의 가족으로 입양되는 권한을 받을 수 없다는 것은 우리의 생활 규례의 기초에 반하는 것이 된다.

이 위대한 진리를 이해하기 시작하는 것이 바로 우리가 거듭나게 되는 아주 큰 변형을 만든다. 이것은 진실로 "넘치는 하나님의 은혜"이다. 한평생

> 에베소서 1장의 6절과 7절에 대해 계속 연구해 보자.
>
> 이는 하나님께서 그 사랑하시는 이 안에서
> 우리를 받아들이시어
> 그 은혜의 영광을 찬양케 하려 하심이니라
> 그 사랑하시는 이 안에서 우리가 그의 은혜의 풍성함을 따라
> 그의 보혈을 통하여 구속 즉 죄들의 용서함을 받았느니라

을 이 한 가지 사실만을 깊이 생각한다 해도 십자가에서 보여 주신 하나님의 사랑의 계시를 다 연구하기에 충분치 않다. 우리의 노력으로가 아닌 오직 십자가를 통해 하나님의 받아들여 주심을 붙잡는 것이 아니라면 그것은 생명 나무의 열매 대신 지식의 나무에서 독이 든 열매를 끊임없이 먹는 것과 같다.

우리가 예수님의 피로 구속함을 얻었고, 그분을 통해 죄사함을 받았고, 우리가 받은 것이 "그분의 넘치는 은혜에 의한 것"이라는 이 위대한 기본적인 진리를 반복하고 강조함으로, 바울은 우리가 우리의 자만을 키우지 않고, 우리의 관심을 끊임없이 하나님의 영광과 은혜로 돌려 우리의 영광스러운 소명을 더 분명히 할 수 있게 했다. 전적으로 자기자신이나 얻은 것들에 초점을 맞춘다면 우리의 유업으로 들어갈 수 없다. 우리의 관심을 우리를 부르신 분에게 두고 우리는 목적을 향해 나아가야 한다. 이것은 8-10절에서 더 자세히 설명할 것이다.

> 그가 모든 지혜와 총명을 우리에게 넘치게 하사
> 그의 기쁘심을 따라 자기 안에서 계획하신 바 그의 뜻의
> 신비를 우리에게 알게 하셨으니
> 이는 때가 찬 경륜 안에서 하늘에 있는 것들이나
> 땅에 있는 것들이나 자신 안에 있는 것들까지도,
> 만물을 그리스도 안에서 하나로 함께 모으려는 것이니라.

거듭 이야기했듯이 궁극적인 주님의 목적에 초점을 맞추지 않는다면 우리는 더 작은 목표들로 인해 계속 흔들리게 될 것이다. 많은 이들이 모든 작은 것들로 자신을 채우기 위해 생명의 강으로부터 마음이 벗어난다. 우리 삶에 하나님이 주신 궁극적인 목표는 그리스도처럼 되는 것이다. 우리 삶에 모든 시험의 목적은 우리를 주님의 형상과 일치하도록 돕는 것이다. 이것을 항상 마음에 둔다면 우리 삶 속에서 일어나고 있는 모든 것을 이해할 수 있게 될 것이다. 이것은 그리스도이신 생명 나무로부터 우리를 지속적으로 떼어 놓으려는 많은 작은 목적들로 우리가 빗나가지 않도록 돕는다. 이것이 또한 우리가 시간과 노력을 들여 모든 것을 통치하는 목적이다. 사도적 위임 명령은 사역자들이나 교회를 세우는 것이 아니라 주님의 사람들 안에 그리스도가 형성될 때까지 애쓰는 것이다(갈라디아서 4:19). 그 어떤 것으로든 이 기본적인 헌신을 가리게 한다면 우리는 생명의 길로부터 벗어난 것이다. 바울은 고린도후서 11:3에 다음과 같이 쓰고 있다: "나는 뱀이 그의 간계로 이브를 속인 것같이 너희의 마음도 그리스도 안에 있는 단순함에서 부패하여 그들과 같이 떨어져 나갈까 두려워하노라."

우리의 은혜와 소명의 원천이신 주를 다시 확인하면서, 바울은 우리가 받은 이 놀라운 소명의 본질을 포함한 기본적인 원리들을 계속 이해

시키려 하고 있다. 1장 11-14절에서 그것을 엿볼 수 있다.

> 모든 것을 그 자신이 의도한 대로 행하시는 이의
> 목적을 따라 우리가 예정되어 그분 안에서 유업을 받았으니
> 이는 먼저 그리스도를 믿었던
> 우리로 그의 영광의 찬양이 되게 하려 하심이니라
> 그분 안에서 너희도 진리의 말씀
> 곧 너희 구원의 복음을 듣고서 그분을 신뢰하였으니,
> 또 너희가 그분을 믿고 약속의 그 성령으로
> 인침을 받은 것이니라
> 이는 값 주고 사신 그 소유를 구속하기까지
> 우리의 유업의 보증이 되사 그의 영광을 찬양하게
> 하려 하심이니라

우리가 세상에서 상속을 받았다 해도 그것은 주님의 유업보다는 못하다. 우리는 그의 신부로 부름을 받았다. 그와 함께 상속자가 된 것이다. 특히 우리가 하나님을 향해 지었던 죄와 불순종으로부터 구원 받은 것처럼, 이것 또한 이해할 수 없는 놀라운 일이다. 영원한 벌과 영원한 죽음을 받을 수 밖에 없는 우리 각자에게 영원한 생명뿐 아니라 주님의 유업을 나누어 주셨다는 것은 우리에게는 영원히 헤아릴 수 없는 사랑이다.

주님이 하늘에서 영원히 어린 양으로 불리시는 것은 놀라운 것이 아니다. 우리를 위해 주님 자신을 희생 제물로 드림으로써 그분이 보여 주신 것보다 더 크고 풍성한 은혜의 계시와 사랑 그리고 죄사함은 없다. 우리가 영적 성숙을 이루어 가장 높은 소명을 이행하였다 해도 십자가에서 그분이 우리를 위해 하신 것 앞에 우리는 무릎을 꿇지 않을 수 없다. 누

군가 십자가에 대한 끝없는 경외감을 뒤로하고 성숙했다고 생각한다면, 그들은 성숙한 것이 아니라 생명의 길로부터 떨어져 나가고 있는 것이다. 우리가 읽은 것처럼 분명히 다가올 마지막 때에 하늘의 모든 것들이 그를 경외하며 '어린 양'이라 부른다.

그와 함께 하는 이 위대한 유업의 상속자인 우리를 위한 그분의 간구는 주님의 성령을 지금 우리에게 주시고자 하는 것이다. 땅 위에 있는 모든 보물 중에, 우리 안에 거하시는 성령과 한 순간이라도 바꿀만한 가치가 있는 것은 없다. 감사하게도 성령은 우리에게 값없이 주어진 바 되었고 우리 안에 거하신다. 놀라우신 우리의 하나님! 깊이를 헤아릴 수도 없는 그분의 방법! 가장 뛰어난 상상력을 가진 사람도 분명히 예수 그리스도의 복음의 진리와 같은 경이로운 이야기를 창작할 수는 없을 것이다. 그러나 왜 우리는 지속적으로 이 경이와 놀라움 속으로 들어가는 것에 실패하는 것일까? 이 위대한 진리를 아는 사람조차 어떻게 그것을 지속적으로 나누는가에 대해서는 실패하는 것일까? 우리는 그분이 먼저 우리를 사랑하셨기에 사랑하고, 이보다 더 위대한 이야기를 들을 수 없기에 그분의 사랑의 이야기를 나눈다.

이것은 우리에게 주어진 위대한 보물이고 모든 창조물 중에 이와 같은 것이 있을 수 없는 유업이다. 우리의 유업은 우리 주 바로 그분인 것이다. 우리는 그분의 영원한 가족의 구성원인 식구로 부름을 받았다. 영생은 이해의 영역을 벗어나 있는 경이로운 것이다. 모든 권능과 영광과 하늘의 기적은 우리의 이해력이 미칠 수 없는 것이다. 그러나 그 어떤 것도 우리가 그분의 영원한 가족으로 그분과 함께 할 것이라는 사실과는 비교할 수 없다.

# 6장          잘 알려진 사랑

믿음과 사랑은 크리스천에게는 두 개의 커다란 기둥과 같은 품성이다. 에베소 교회에서 이 두 가지는 널리 소문이 날 정도로 증대되기 시작했다. 당신의 교회도 이러한가? 이것이 당신을 이야기하는 것은 아닌가? 우선, 우리는 이런 이야기를 들을 만한 가치 있는 일을 한 적이 있는가? 그렇다면, 우리 사이에 믿음과 사랑이 있다고 말할 수 있는가?

주님이 단지 한 가지를 말씀하시기 위해 나를 방문하신 적이 있다. 내게 말씀하시기를 "너는 많은 것으로 온 세상에 알려졌지만 그것들 중에 사랑은 없다." 말할 것도 없이 나는 회개했다. 피터 로드는 "중요한 것은 중요한 것을 중요한 것으로 간직하는 것이다."라고 말하곤 했다. 디모데전서 1:5

> **에베소서 1장 15-17에 있는 교회의 목적에 대해 계속 살펴보자.**
>
> 너희 가운데 주 예수 안에 있는 믿음과
> 모든 성도를 향한 사랑을 들었으니 이 때문에 나 역시
> 너희를 인하여 감사드리기를 그치지 아니하고
> 내가 기억할 때에 너희를 기억하노라
> 우리 주 예수 그리스도의 하나님, 영광의 아버지께서 자기를 아는
> 지식 안에서 지혜와 계시의 영을 너희에게 주시어

에 "경계의 목적은 정결한 마음과 선한 양심과 거짓이 없는 믿음으로 나는 사랑이거늘"이라고 쓰고 있다. 주님의 사도들이 그들의 사랑으로 인해 유명해진 것이라면 나는 중요한 것을 잃어버린 죄를 진 것이다.

그리스도의 모든 지체가 믿음과 사랑으로 성숙하는 것을 주요 목표로 삼는다면 교회는 어떻게 변할까! 우리의 평판이 대부분 믿음의 행위와 사랑의 실천에 대한 것이라면 무슨 일이 일어날까? 우리는 아마도 우리의 모임에 얼마나 많은 사람들이 올 것인가에 대해 걱정하지 않을 것이다. 왜냐하면 항상 너무나 많은 사람들이 올 것이기 때문이다.

에베소 사람들의 믿음과 사랑에 대한 소식으로 바울은 늘 기도로 그들에게 감사하고 있었다. 이것은 실제로 영적 아버지가 영적 자녀에게서 받을 수 있는 가장 큰 기쁨이다.

바울이 에베소 사람들이 지혜의 영과 주님의 계시를 받기를 기도한 것은 그들의 수가 증가했기 때문이다. 주님의 계시가 교회에 흘러 넘치기 시작할 때 교회는, 1세기의 진정 대단한 교회 중의 하나가 되었던 에

베소 교회와 같은 위대한 교회가 될 것이다. 그러나 하늘의 영원한 기록 속의 우리의 진실된 위대함은 우리의 믿음 그리고 사랑과 관계가 있고, 그 믿음과 사랑 위에 진정한 지혜와 계시가 세워질 것이다.

　우리의 교회가 특별해져서 그 소식이 멀리 퍼져나가는 교회가 되는 것에 대한 소망은 가치 있는 것이다. 우리는 분명히 올바른 이유로 이름이 알려져야 한다. 이 모두는 당신으로부터 시작될 수 있다. 당신의 교회가 믿음과 사랑으로 유명하고자 왜 결단하지 않는가? 오직 한 사람만이라도 믿음과 사랑으로 성숙해진다면 그것은 곧 퍼져 나갈 것이다. 당신이 믿음 안에 성숙하도록 주님께서 당신의 어느 부분을 다루고 계신가?

　믿고 의심하지 않을 것을 결단하라. 당신의 삶 속에서 가장 사랑하기 힘든 사람은 누구인가? 그들이 거기 있는 이유가 있을 것이다. 당신의 시험을 헛되게 하지 마라. 성숙할 수 있는 이러한 기회들은 땅 위의 어떤 보물보다 귀하다. 그 보물을 가장 큰 배당금을 받을 수 있는 것에 투자하고 영원한 것을 위해 값을 치루라.

## 7장  볼 수 있는 눈

　마음에 눈이 있다는 것을 생각해 본적이 있는가? 당신의 마음의 눈은 열려 있는가? 우리가 부르심을 받은 대로 믿음의 길을 간다면 마음의 눈으로 보는 것이 육체의 눈으로 보는 것보다 더 사실적일 것이다. 마음의 눈은 성령의 눈이어서 육체의 눈으로 보는 것보다 더 멀리 깨끗하게 볼 수 있다. 바울은 에베소 사람들의 영적인 눈이 열리어 그들 자신의 소망이 아닌 하나님의 부르심의 소망이 무엇이며, 그들 기업의 영광이 아닌 성도들 안에 있는 그들 유업의 영광의 풍성함이 무엇인지 알게 되기를 기도했다.

　몇 년 전 주께서 많은 그의 백성들 위에 큰 속임수가 퍼져 있는 것을 말씀하셨다. 그 속임수는 우리 안에 계신 그분이 누구인가 하는 것 대신 그리이 장에서는 에베소서 1:18을 공부할 것이다.

너희의 지성의 눈을 밝히셔서 너희로 하여금
그의 부르심의 소망이 무엇이며 성도들 안에 있는
그의 유업의 영광의 풍성함이 무엇인지

스도 안에 있는 우리가 누구인가를 강조하게 하는 것이었다. 이 속임수를 깨닫는 키워드는 '과장하여 강조하는 것'에 있었다. 우리는 그리스도 안에 부름 받은 우리가 누구인지 알 필요가 있다. 그러나 진정한 믿음은 우리가 누구인지를 앎으로써가 아니라, 그분이 누구신지를 발견함으로 만들어지는 것이다. 진정한 비전은 주님이 누구신지, 그분이 지금 어디에 계신지, 그분을 보는 것이다. 우리가 누구인지를 보는 것으로는 결코 그분의 영광으로 변화될 수 없다. 주님을 보는 것만으로 변화 받을 수 있다.

그리스도 안에 있는 고귀한 소명은 토론이 필요 없다. 바울이 그의 인생 말년에 빌립보서를 썼을 때 그는 아직 이루었다고 생각하지 않는다고 서술했다. 그것은 구원에 대해 말하고 있는 것은 분명 아니었다. 그것은 고귀한 소명에 관한 것이었다. 성경은 우리가 하늘에서 받을 상급의 단계와 권위의 단계들에 대해 분명하게 언급하고 있다. 지금의 삶 속에서 우리의 순종과 믿음에 의해서 결정되는 것이다. 어떤 이에게는 하나의 도시가 또 다른 이에게는 다섯 개의 도시가 또는 열 개의 도시들이 주어질 것이다. 그분의 오른편에 그리고 왼편에 앉을 약속된 사람도 있을 것이다.

계시록 7장의 보좌 앞에는 큰 무리가 서 있다. 라오디게아 교회의 이기고 남은 자들이 주님의 보좌 위에 그와 함께 앉도록 약속되었다. 이것을 이해 못하는 것이 오늘날의 서방 교회의 가장 큰 취약점이라 생각하는 크리스천 리더들과 이야기를 나눈 적이 있다. 이 땅에서 우리가 하는 것은 영원히 새겨질 것이다! 우리가 이 고귀한 소명에 이르는 길은 우리의 상급을 찾는 것으로 이루어지는 것이 아니다. 주님을 보는 것에 전념함으로 그분의 유업의 상급을 받는 것이다.

사도 바울이 고귀한 소명과 관계된 것에서 그가 무엇을 이루었는지 모르겠다고 한다면 우리가 알 수 있다는 것은 의심스러운 일이다. 바울이 아직 이루었다고 생각하지 않았다면 그 고귀한 소명은 우리의 어디에 남겨졌을까? 서두르라! 마지막 때를 견디는 것이 혹독하다는 것은 성경에 충분히 나타나 있다. 트랙 경기를 하는 경주자들은 결승선 표시 뒤까지 달리도록 훈련한다. 그러므로 그들은 끝까지 늦추지 않고 달린다. 결승선을 통과하기까지 달려 나가지 않는다면 실제로 우리는 비틀거리게 될 것이다. 얼마나 많은 사람들이 그들의 인생의 결승점 가까이에서 비틀거리며 쓰러졌는가?

결승선을 통과하여 달려가기 위해 우리에게 주어진 목표는 바로 예수님을 닮는 것이다. 우리는 그분을 닮고 그분이 하신 일을 하도록 부름 받았다. 이 세상에 그것을 이룬 자가 있는가? 내가 만난 하나님의 아들이 되었다고 주장하는 사람들은 누구보다도 더 어리석은 자로, 수퍼맨의 옷을 입고 그들이 수퍼맨이 된 것처럼 생각하는 어린 아이들과 같은 사람들이었다. 고귀한 소명의 계시를 받았다는 것은 당신이 그것을 이루었다는 것을 의미하는 것이 아니다. 모든 크리스천들은 성경에 분명히 명시된 이 계시를 받아야 하지만, 대부분 이것을 보기 위한 '마음의 열린 눈'을 가지고 있지 못하다.

나는 수년 전에 이 세상에서 이 고귀한 소명을 이룬 것을 어떻게 알 수 있는가를 주님께 물었다. 주님은 이 땅에서는 알 수 없다고 하셨다. 주께서 말씀하시기를 우리는 고귀한 소명을 이루기 위해 영광받으신 주님을 찾는 것만으로 거의 모든 것을 소모하므로 소명과 관계된 개인적으로 이룬 것에 대하여는 충분히 돌아볼 수 없을 것이라고 하셨다. 이것이 마음의 눈을 열어 우리의 것이 아닌 그분의 영광과 유업을 보아야 하는 이유이다.

우리가 위대한 유업을 달성하는 방법은 유업에 대해 생각하는 것이 아니라 주님을 찾는 것에 전적으로 전념하는 것으로 그분의 희생의 상급을 받는다. 세상에서 받으실 모든 영광을 떠나 인간으로 가난한 삶을 사시고 그가 구원하러 오신 바로 그들에 의해 무참히 처형당하신 그분이 우리를 위해 하신 일들을 볼 때 누가 감히 그분과 비교될 수 있을까?

고귀한 소명에 대해 아는 것이 중요하다. 그러나 오직 소명을 아는 것에만 집중하는 사람은 자신들의 길과 진정한 비전을 잃게 되어, 그 고귀한 소명으로부터 실족시키는 일들로 비틀거리게 될 것이다. 소명은 우리 자신이 아닌 오직 그분을 보는 것으로 이룰 수 있다. 마음의 눈이 열려서 주님과 그분의 부르심 그리고 그분의 유업을 볼 수 있도록 바울처럼 기도하자. 오직 그때만이 우리는 모든 것을 분명하게 볼 수 있을 것이다.

# 8장 경작하는 능력

에베소서 1장 18절, 19절은 우리가 여기서 줄 수 있는 것보다 더 많은 연구 가치가 있는 구절이다. 실제로 나는 이 구절로 하나님의 능력의 지극히 위대하심이라는 제목의 책을 썼다. 이것은 우리의 완전한 목적의 수행을 위한 결정적이고 중추적인 깨달음이다. 어떻게 능력 없이 우리가 전능자의 증인이나 대리인이 될 수 있겠는가?

바울은 우리에게 주어진 능력이 주님의 힘의 강한 역사보다 작지 않다고 쓰고 있다! 모든 것을 창조하신 "그의 능력의 지극히 위대하심"이 믿는 우리와 연결되어 있다. 이것이 가능한가? 주 예수 그리스도 스스로가 마태복음 17:20에서 말씀하고 계신다.

에베소서 1:18-19에 바울은 다음과 같이 쓰고 있다.

너희의 지성의 눈을 밝히셔서 너희로 하여금
그의 부르심의 소망이 무엇이며
성도들 안에 있는 그의 유업의 영광의 풍성함이 무엇인지

또 그의 강력한 능력의 역사하심을 따라,
믿는 우리에게 향하신 그의 능력의 지극히 위대하심이
어떤 것인가를 너희로 알게 하시기를 원하노라


진실로 내가 너희에게 이르노니
너희에게 겨자씨 한 알만한 믿음이 있다면
너희가 이 산에게 말하여 여기서 저기로 옮기라 하면
옮겨질 것이요 너희에게 불가능한 일이 전혀 없을 것이니라


겨자씨는 결코 크지가 않다. 실제 그것은 아주 많이 작다. 분명 크리스천들은 그만큼의 믿음은 갖고 있을 것이다. 모든 크리스천들은 가장 중요한 위업을 남길 수 있는 믿음을 그들 안에 갖고 있다. 왜 우리는 이 펼쳐져 있는 것을 보지 못하는가?

크리스천들은 역사상 위대한 업적을 위해 책임을 다했다. 그들은 많은 산들을 옮겼고, 더 많은 산들이 그들에 의해 옮겨질 것이다. 노예제도가 그랬고, 봉건제도가 그랬다. 그 목록은 얼마든지 있다. 그럼에도 주님은 문자 그대로 산을 옮길 수 있는 믿음을 말씀하셨지만 우리는 아직 보

영광스러운 추구에 대한 비전

지 못했다. 우리는 그것을 할 것이다. 그러나 이것을 하기 위하여는 씨같은 믿음을 가져야 한다. 씨는 그것이 성숙하여 열매를 맺을 때까지 우리가 재배하고 영양을 주고 보호해야 한다.

모든 크리스천에게 순식간에 산을 옮길 권능이 주어진다면 세상은 분명히 혼돈에 빠질 것이다. 주님은 성숙함과 지혜 그리고 무엇보다도 중요한 왕에 대한 순종을 필요로 하는 믿음의 법칙을 만드셨다. 진정한 믿음은 우리의 믿음 안에 있는 믿음이 아니다. 그것은 예수 안에 있는 믿음이다. 그분 안에 있는 믿음이기 필요하기 때문에 믿기 위해 그분을 보고 그분에 대한 소망을 가져야 한다. 왕을 바라보며 그분이 누구이신가를 알고자 할 때 우리의 믿음은 자랄 것이고, 또한 그분의 위대한 권능과 영광을 잡을 때 우리의 의지는 그분의 의지 앞에 꺾일 것이다.

진정한 믿음은 순종이다. 이것이 바울이 로마서 1:5에 "그를 통하여 우리가 은혜와 사도의 직분을 받아 그의 이름을 위하여 모든 민족 가운데서 믿음으로 순종케 하나니."라고 쓴 이유이다. 예수님조차도 아버지가 하시는 것을 보지 않고는 그 어느 것도 하지 않으셨다면, 하물며 주님이 보여 주시지 않으면 그 어느 것도 할 수 없다는 것에 순종해야 하는 우리들은 어떻겠는가? 우리들은 질문할 것이다. "누가 이런 방법으로 살 수 있을까?" 그러나 살 수 있다. 실제로 우리는 그것을 위해 창조되었고, 그와 다른 길을 걷는 것은 우리의 실제 성품을 거스르는 것이다.

아담이 타락하기 전에 그랬듯이 인간은 하나님과 친밀한 관계를 갖고 주님과 동행하도록 창조되었다. 주님과의 날마다의 만남으로만 채울 수 있는 빈공간이 타락으로 우리의 영혼에 생기게 되었다. 새로 창조된 사람은 더 큰 것을 위해 창조되었다. 우리는 실제로 하나님이 거하시는 장소로 창조되었다. 그가 우리 안에 사신다! 우주를 창조하신 분이 우리들 각자 안에 살고 계신다. 바울은 고린도전서 3:16에 "너희가 하나님의 성전인 것과 하나님의 영께서 너희 안에 거하시는 것을 알지 못하느냐."라고 썼다. 이 진리를 가지고 살기 시작한 사람이 있다면, 그들은 산을 쉽게 움직여 바다에 던질 수 있을 것이다.

이전 구절, 에베소서1:18에서 공부한 것, 즉 바울이 "우리의 마음의 눈"이 열리기를 기도한다는 것을 기억하라. 이것이 그분이 하시는 것을 보고 그 안에 그분과 함께하는 이가 되는 기적적인 능력의 해답이다.

이것은 누구에게나 즉시 일어나지 않는다. 사도 바울에게조차도 즉시 일어나지 않았다. 바울은 믿음 안에 성장했다. 다시 말하면 믿음은 그것이 열매를 맺을 때까지 심겨지고 경작되고 물 주고 영양을 주고 그들을 말라 죽일 잡초로부터 보호해 주어야 할 씨와 같은 것이다. 이것이 아담에게 땅을 경작하는 일이 주어졌던 이유이다. 하나님과 함께 동행하는 것 그리고 그가 뿌리신 것을 경작하는 것이 우리가 이 세상에서 이루어야 할 기본 목적이다. 당신은 당신의 마음에 뿌려진 씨를 경작하고 있는가? 그것이 산을 옮길 수 있는 씨다. 당신의 영적 걸음을 방해하는 생활 속에 있는 장애물들을 옮김으로 바로 지금 그 씨를 기르기 시작하라. 문자 그대로 산을 움직일 수 있는 믿음보다 작은 믿음에 만족하지 마라. 누군가 이것을 할 것이다. 당신이라고 왜 안 되겠는가?

# 9장 궁극적 권위

지난 장에서 에베소서 1:19의 말씀을 잠깐 소개했었다.

"믿는 우리에게 향하신 그의 능력의 지극히 위대하심이 어떤 것인가를 너희로 알게 하시기를 원하노라." 이것이 우리의 힘이 아닌 그분의 강력한 힘으로 살기 원하는 모든 크리스천들의 궁극적인 목표가 되어야 한다.

진정한 믿음은 감정이나 느낌이 아니다. 또 무엇인가를 할 수 있다는 자신감도 아니다. 진정한 믿음은 예수님이 누구신지를 알고 그분이 가지고 계신 권위를 인정하는 것이다. 기적은 그분의 이름으로 이루어진다. 이것은 기적이 우리 자신의 권위가 아니라 그분의 권위에 의해 이루어진다. 우리가 위대한 사도요 선지자이기 때문에, 우리가 훌륭한 책을

**다음의 네 구절이 우리에게 그것을 할 수 있는 길을 가르쳐준다.**

하나님께서 그 능력을 그리스도 안에서 역사하게 하사
그를 죽은 자들로부터 살리셨으며
천상에서 하나님의 오른편에 앉히사
모든 정사와 권세와 능력과 다스림과 이 세상뿐만 아니라
오는 세상에서도 이름 지어진 모든 이름 위에 뛰어나게 하셨으며
또 만물을 그의 발 아래 두시고 그를 만물 위에
머리가 되게 하셔서 교회에게 주셨느니라 교회는 그의 몸이니
만물 안에 모든 것들을 채우시는 분의 충만이니라

썼기 때문에, 또 우리가 큰 교회를 지었기 때문에 치유의 위대한 일을 할 수 있게 되는 것이 결코 아니다. 모든 진정한 영적 권위는 그분의 보좌로부터 오는 것이지 우리의 지위에서 오는 것이 아니다. 그러므로 우리의 목표는 사람이나 물건에 있는 것이 아닌 그분에게 있는 권위를 얻는 것이다. 어떻게 이것을 할 수 있을까? 히브리서 11:6이 말해 주고 있다.

믿음이 없이는 하나님을 기쁘시게 할 수 없나니
하나님께 나아가는 자는 그분이 존재하시는 것과
그분이 자기를 열심히 찾는 자들에게
보상하는 분이심을 마땅히 믿어야 하느니라

하나님을 기쁘시게 할 믿음을 구하는 것을 마음에 담아 두라. 믿음은 그분이 위대한 일을 할 수 있거나 하실 것이라는 것을 믿는 것이 아니다. 믿음

은 현재에 대한 신뢰이다! 당신이 하나님께 갈 것이라면 그분이 계시는 것을 믿어야 한다. 이것은 단지 그분이 존재하시는 것을 믿는 것보다 더 깊은 뜻이 있다. 대부분은 성경에 쓰여진 것들이 문자 그대로 일어났기 때문에 성경에 대해 믿음을 가져야 한다고 주장한다. 그러나 그것은 성경에 있는, 하나님 안에 있는 진정한 믿음이 아니다. 진정한 믿음은 우리의 실생활에서 그것들이 일어나는 것을 보기 위해 성경에 쓰여진 모든 것들을 믿는 것이다. 진정한 믿음은 단지 무엇이었느냐가 아니라 무엇이냐에 대한 것이다. 어떤 이는 "하나님은 단지 책 한 권을 쓰고 퇴임한 작가가 아니다."라고 말했었다. 그분은 성경이 쓰여졌을 때 하셨던 모든 것을 오늘도 아직 하고 계신다. 그분은 그때나 오늘이나 동일하시다. 그분의 이름은 "스스로 존재했던 자"(I was)도 "스스로 존재할 자"(I will be)도 아닌 바로 "스스로 존재하는 자"(I am)이시다. 진정한 믿음은 십자가 위에서 우리를 위해 끝없이 보여 주셨던 하나님의 사랑의 깊이를 찾는 것, 그리고 부활의 능력 안에 계신 그분을 보기 위해 십자가 저 너머까지 가는 것으로 시작된다. 진정한 믿음은 바로 오늘 모든 법과 권위와 영토 위 그가 계신 곳에서 예수를 보는 것이다.

　주님은 오늘날 당신의 개인적인 삶에 개입하시기를 원하신다. 우리가 우리의 문제를 걱정하는 것으로 소비하는 시간들을 기도로 바꾼다면 우리는 삶 속에서 그분의 활동을 더욱더 많이 볼 수 있을 것이다. 이것으로 우리의 믿음은 자랄 것이다. 한 순간이라도 주님이 우리의 작은 문제로 방해받는 것을 원치 않으신다고 생각하지 마라. 도움을 구하려고 그분에게로 돌아가는 것이 사실은 그분을 기쁘게 해드리는 것이다! 그분이 작은 일들에 개입하시는 것을 볼 때 우리는 더 큰 것들에 대한 믿음으로 성장한다. 우리가 그것을 사용하지 않는다면 퇴화될 것이다. 주님은 우리가 믿음을 활용하여서 쓸 수 있는 단 한번의 기회도 놓치지 않기를 원하신다.

# 거룩한 걸음에 대한 비전

## 에베소서 2장 연구

**10장** 주님과 함께한 보좌 · 64
**11장** 하나님의 선물 · 72
**12장** 사망에서 생명으로 · 80
**13장** 새로운 피조물 · 86
**14장** 시험 당함 · 92
**15장** 기초와 머릿돌 · 96

# 10장 주님과 함께한 보좌

우리는 자신을 선한 사람이라고 생각할지도 모른다. 그러나 세상에서 가장 좋은 사람일지라도 그들이 주 안에 거듭나기까지는 이기적 유익에 의해 동기를 부여 받는다. 우리가 아무리 종교적이라 할지라도 그것은 다른 사람에게 의롭게 보이려는 이기적인 이득을 위한 것이거나, 혹은 하늘의 것보다 세상의 상관 관계로부터 오는 인간의 이익을 위한 것일 것이다. 우리가 아직 죄에 있을 때는 우리 안에 있는 그러한 악한 동기들을 보지 못할 수도 있다. 그러나 거듭나면 로마서 3:10-12 말씀을 이해하게 된다.

기록한 바 의인은 없나니
하나도 없으며 깨닫는 자도 없고

에베소서 2:1-4를 공부해 보자.

너희의 허물과 죄로 죽었던 너희를 그가 살리셨도다
그 때에 너희가 그 가운데서 행하여 이 세상 풍속을 좇고
공중의 권세 잡은 자를 따랐으니 곧
지금 불순종의 아들들 가운데서 역사하는 영이라
전에는 우리도 다 그 가운데서 우리 육체의 욕심을 따라 지내며
육체와 마음의 원하는 것을 하여
다른 이들과 같이 본질상 진노의 자녀이었더니
긍휼에 풍성하신 하나님이 우리를 사랑하신 그 큰 사랑을 인하여

하나님을 찾는 자도 없고 다 치우쳐 한가지로 무익하게 되고
선을 행하는 자는 없나니 하나도 없도다

그러므로 우리는 그 누구보다 더 나을 것이 없다. 우리는 단지 자비를 구할 뿐이다. 그분의 선하심에 대해 놀라는 것은 하나님의 크신 자비가 실질적이라는 것이다. 그것은 우리로 하여금 그분을 사랑하지 않을 수 없게 만든다. 이 사랑으로 그분의 선하심이 우리 안에 자라기 시작한다. 그래서 사도 바울이 그의 모든 저서에서 전달하고 있는 것과 같이 우리가 어디에서 왔으며 우리를 향하신 그분의 자비가 얼마나 큰가를 지속적으로 거듭 생각나게 하는 것은 유익한 일이다.

또한 이 장의 본문을 통해 우리가 공중 권세 잡은 자를 따라 걸었던 것을 알게 되었다. 주님이 우리의 삶에 개입하시기 전에 우리 모두는 이 세상의 길을 따라 걸었다. 공중 권세 잡은 자의 길은 사탄의 길이다. 그

는 동시에 어디든지 있는 자가 아니므로 속국이라 불리는 지역적 기반에서 움직이는 악한 영들을 통해 일한다. 이것이 그들을 지역 위에 군림하는 기초 권력으로 언급하는 이유이다.

지역 위에 '공중 권세 잡은 자'는 전반적으로 그 지역 사람들의 첫째가는 악한 속성으로 특징지어진다. 우리들이 그들을 정확히 알고자 한다면, 이 속국들과 힘에 대한 기본적 지식을 가져야만 한다.

누구도 단 한 가지만의 특색을 갖고 있는 것이 아닌 것과 같이, 지역 위에 권세 잡은 자도 대체로 다중 성품을 갖는다. 예를 들면, 내가 사는 지역에는, 산에 사는 사람들 위에 군림하는 강한 가난의 영이 있다. 가난의 영은 사람들이 자신을 능력이 낮은 자로 생각하게 한다. 가난의 영은 사람들이 실제보다 그들 자신이나 그들이 가지고 있는 재능을 열등하다고 생각하게 만든다. 우리 이웃의 어떤 이들은 뛰어난 재능과 지력을 가지고 있다. 그러나 그들은 자신들이 '그저 불쌍한 인간'이고 '별 볼일 없는 인간'이라고 생각하고 가끔 그렇게 자신들을 표현한다. 그러나 실제 그들은 아주 특별하다. 우리가 알다시피, 하나님은 겸손한 자에게 은혜를 주신다. 그러나 겸손과 사람을 능력이 낮은 자로 만들고 불완전 고용자로 만드는 열등의식 사이에는 차이가 있다. 이곳은 크리스천조차도 스스로를 그리스도 안에 승리한 자라기보다는 차라리 '불쌍한 죄인'이라고 보는 경향이 있다. 모든 멍에로부터 그들을 자유하게 할 성경의 진리 말씀으로 볼 때, 그들에 대한 것들은 사실이 아님에도 노스캐롤라이나 산간 지역에는 가난의 영이 퍼져 있다.

가난의 영은 기본적인 결박의 멍에이고 그것과 같이 역사하는 지독한 지역의 영들 같은 요소와 결합되어 있다. 이 지역의 영들은 외부 사람들이나 자신들과 다른 사람들에게 두려움을 갖게 만든다. 또한 술이나 마약 사용과 같은 중독성을 갖게 하는 미혹의 영이 있다. 이 모든 영들이 마법이나 강신술에 드러나 있는 지역의 많은 아이들에게 이미 자리잡고 있다. 왜냐하면 이단은 그것들로 열등의식의 사람들을 끌어 당긴다. 여러분은 사탄적인 이단의 집행관이나 집사에 대해 들어 본 적이 있는가? 아마도 없을 것이다. 왜냐하면 그들은 모든 사람들을 '대제사장'으로 부름 받았다고 생각하도록 만들기 때문이다. 이 특이한 개념은 그들이 특별하다고 느끼게 만들어서 스스로를 열등하다고 생각하는 사람들을 끌어드린다.

한 시간 거리인 샬롯에는 아주 다른 영이 도시 전체에 퍼져 있었다. 산간 지대 사람들이 느끼는 열등감과 달리 그 도시의 사람들에게는 스스로를 매우 잘난 사람으로 생각하는 교만함이 있었다. 샬롯에는 산간 지방에서 보았던 강신술 같은 것 대신에 카리스마적인 마법이 있었다. 이것은 성령의 은사 운동과는 관계없는 다른 사람들을 속이고 교묘히 조종하기 위해 인간의 카리스마를 이용하는 것이다.

모닝스타는 이 두 곳에 교회를 갖고 있기 때문에 우리는 이 두 곳에 대한 우리의 메시지와 전략을 열심히 조절하고 있다. 우리는 산간 지방의 사람들에게 자신감과 믿음을 심어주고자 한다. 왜냐하면 그곳에는 그들이 가지고 있는 재능을 보지 못하는 세계적 수준의 예술가와 음악가 그리고 잠재력 있는 지도자들이 있기 때문이다. 또한 이기적 야망과 자만으로 분쟁이 일어나고 있는 곳에는 겸손에 대한 설교를 더 많이 한다. 또한 양쪽 지역의 교회가 서로 도울 수 있도록 상호 교환을 시도하기도 한다.

'공중 권세 잡은 자'가 우리의 삶을 조정하고 영향력을 미치지 못하도록 그것에 대해 어떻게 할 것인가를 아는 것은 매우 유용하다. 그 결과 우리는 사람을 자유롭게 할 진리에 대해 설교할 수 있다. 우리의 품성이 얼마나 진리와 대립하며 또 십자가를 통해 우리에게 주어진 하나님의 은혜가 우리에게 얼마나 필요한지를 앎으로 우리는 자유롭게 된다. 또한 진정한 자유의 투사가 되어 다른 사람들이 자유롭게 되도록 도울 수 있다. 에베소서 2:5-7에 설명되어 있는 것이 우리의 삶의 목적이 되어야 한다.

> 허물로 죽은 우리를 그리스도와 함께 살리셨고
> (너희가 은혜로 구원을 얻은 것이라)
> 또 함께 일으키사 그리스도 예수 안에서
> 함께 하늘에 앉히시니
> 이는 그리스도 예수 안에서 우리에게 자비하심으로써
> 그 은혜의 지극히 풍성함을
> 오는 여러 세대에 나타내려 하심이니라

악한 '공중 권세 잡은 자'와 맞서는 방법은 우리가 말씀 위에 굳게 서서 그리스도와 함께 앉게 되는 것이다. 우리가 그렇게 되어 그분의 영광과 웅대함을 보기 시작할 때 '공중 권세 잡은 자'를 구별하여 대적하기가 훨씬 쉬워질 것이다.

우리는 영원한 하나님의 잴 수 없는 깊이 있는 방법들과 십자가를 통해 보여 주시는 그분의 은혜와 사랑의 계시를 차곡차곡 알아갈 것이다. 우리의 죄 때문에 주님이 고통 당하셨고 지금도 우리는 하나님을 슬프게 하는 악한 길을 걷고 있지만, 하나님은 우리를 용서하시고 구원하셨을 뿐 아니라 그의 왕좌에 그와 함께 앉을 수 있게 하셨다. 이것은 너무 놀라운 일이라 그 누구도 그러한 일이 실제로 일어난다고 충분히 믿지 못한다.

나는 서 아프리카에 있는 가나 왕국의 왕인 친구가 있다. 그가 그의 나라의 왕좌에 앉아 있을 때 그가 초대하지 않은 사람은 그 누구도 그에게 접근할 수 없다고 했다. 주님이 우리에게 언제나 그의 은혜의 보좌 앞으로 담대히 갈 수 있도록 초청하셨다는 사실이 그 친구를 매우 놀라게 했다. 주님이 그의 보좌에 그와 함께 앉는 것을-그의 권위를 나누어 갖는 것-우리에게 허락하셨다는 것을 그는 도저히 이해할 수 없다고 했다.

세상에서도 대통령의 집무실에 언제든지 들어갈 수 있다는 것은 가장 큰 특권 중 하나이다. 그러므로 우리가 만왕의 왕의 보좌 앞에 담대히 나아갈 수 있다는 것은 얼마나 놀라운 일인가. 우리가 이 땅에서 우리의 목적을 성취하려 한다면 그것을 믿는 것에서 더 나아가 실제로 그렇게 하여야 한다.

이 위대한 진리를 이해하려면 우리는 끊임없이 그것을 손에 넣기 위해 노력하여야 한다. 결코 우리 자체로는 이렇게 큰 존경을 받을 가치도, 책임을 질 능력도 없는 사람들이다. 예수께서 우리를 위해 그것을 이루어 놓으셨다. 이것은 주님이 마지 못해 하신 것이 아니다. 그것을 위해 십자가의 수치와 고통을 참아 내시면서까지 우리를 당신의 권위의 자리에 앉히시기 원하셨다. 주님이 우리가 그것을 갖게 되는 것을 그렇게 원하면서 왜 그것을 좀더 쉽게 갖도록 만들지 않으셨을까? 왜 주님은 그분과 함께할 자리로 우리를 경호하여 데리고 갈 천사장을 보내는 대신 우리가 믿음으로 그것을 이루도록 하셨을까?

사탄은 아주 악하게 이 보좌를 탐하여 그의 힘으로 그것을 포획하려다 타락했다. 우리 자신이나 우리 자신의 믿음 안에 있는 것이 아니라 예수 안에 있는 것이 진정한 믿음이다. 그러므로 진정한 믿음은 예수님에 의해 성장한다. 우리가 얼마나 의로워지고 우리가 무엇을 성취하는가가 아닌 주님과 주님이 십자가에서 성취하신 것 속에서 믿음이 자랄 때, 주님은 더 큰 권능과 권위를 우리에게 맡기실 것이다. 왜냐하면 우리는 오직 그분과 하나됨 속에서 그것을 사용할 수 있기 때문이다. 우리의 소명은 그분의 보좌에 앉는 것이 아니라 그분과 함께 그분의 보좌에 앉는 것이다.

예수는 아버지가 하시는 것을 본 것 외에 그 어느 것도 하지 않으셨다. 우리 역시 예수님처럼 해야만 한다. 우리는 오직 우리가 그분 곁에 머무는 정도에 따르는 진정한 영적 권위를 가질 뿐이다. 우리가 누구인지는 천사가 우리를 존경하고 마귀가 우리에게 순종하는 것이 아니다. 우리 안에 계신 분으로 인한 것이다.

# 11장

## 하나님의 선물

　믿는 자들이 자신의 목적을 이루기 위하여 가져야 할 중요한 깨달음을 사도가 어떻게 계속하여 말하고 있는가 보자.

　왜 바울은 천상의 자리에 그리스도와 같이 앉는 것과 같은 고매한 일로 우리가 부르심을 받았다고 에베소 사람들에게 설명한 후에 아주 기본적인 것을 계속 재검토하는 걸까? 그 이유는 우리 자신의 일의 바탕 위에 주님과 같이할 우리의 장소를 설립하고자 하는 성향에 우리는 끊임없는 유혹을 받기 때문이다. 우리에게 영적인 권위가 더 주어지면 주어질수록 이 유혹은 더욱더 커질 것이다. 바울은 제자들에게 그들의 구원은 행함에 의한 것이 아니라 그리스도가 이루신 일을 믿음으로 받는다는 것을 지치지 않고 상기시켰다. 바울은 복음의 에베소서 2:8로 가보자.

너희가 그 은혜를 인하여 믿음으로 말미암아
구원을 받았으니 이것이 너희에게서 난 것이 아니요
하나님의 선물이라
행위에서 난 것이 아니니 이는 누구든지 자랑치 못하게 함이니라

진리에 대한 가장 큰 도전은 사탄이 믿는 자들을 십자가의 능력을 그들의 삶의 행함으로 대신하도록 유혹하는 것이라는 것을 정확하게 이해하고 있었다.

거의 2000년이 지난 지금도 이것은 모든 믿는 자들과 교회 그리고 교회 운동들을 미혹하는 주요한 시험이 되었고 많은 이들을 비틀거리게 하는 것이 되었다. 이것은 실제로 아담과 이브가 동산에서 직면했던 것과 같은 시험이다. 그들이 선악을 아는 지식을 혹은 생명나무의 열매로 살 수 있었을까? 우리는 삶 속에서 지속적으로 같은 선택의 문제에 직면하게 될 것이다. 우리 안에 있는 선함의 세력이 악한 것의 세력보다 더 크다면 우리는 마음을 놓을 것이고 하나님 역시 그러실 것이라고 생각한다. 주님이 우리가 선하기를 바라시는 것이 전부일까? 진정한 선함과 우리를 붙잡고 있는 악한 것으로부터 구원으로 이끄는 믿음이 기본적 출발이 되어야 한다. 바울이 그의 편지에서 반복하여 설명한 것처럼, 믿는 자들이 의로움을 위해 율법적 행함을 고집한다면 그들은 그리스도로부터

분리될 것이다. 이것은 중요한 선택이다.

　율법은 하나님의 의로움의 기준을 보여 준다. 또한 율법에 의하면 인간은 누구도 살 수 없다는 것을 보여 준다. 그래서 죄에 대한 희생물이 필요했다. 순결하고 흠 없는 하나님의 어린 양 그리스도가 오셔서 우리의 죄에 대한 값을 치르시기 위해 그 자신의 생명을 주셨을 때 그는 우리의 구세주가 되셨다. 그분을 거부하고 우리 자신의 행함에 기초를 두려는 것은 근본적인 자만이요, 속임수요, 주님이 우리에게 제공하신 하나님의 은혜에 대한 모욕이다. 그것은 절대 바뀌지 않을 것이다. 우리가 선하기 때문에 하나님 앞에 설 수 있는 것이 결코 아니다. 하나님의 아들의 피로 우리는 그의 보좌 앞에 언제나 담대히 나아갈 수 있는 것이다. 예수만이 우리의 의로움이시다.

　자신의 행함을 신뢰하기 시작하는 사람들은 필연적으로 자만하게 된다. 그들은 새로 만들어진 교회로 인해 감정이 상했던 바리새인 중의 바리새인인 젊은 바울처럼 믿음에 기초한 의로움을 주장하는 사람들에게 화를 내게 될 것이다. 바울을 교회를 박해하도록 몰아 부치고, 진리와 바로 충돌하도록 한 것이 바로 그것이다. 바울이 그 시대에 대부분의 다른 사람들보다 더 강한 논쟁의 성품을 가졌던 것도 자신의 의 때문이었을 것이다.

　새로 만들어진 교회를 박해하도록 바울을 몰아간 것은 가인이 그의 동생 아벨을 살해한 형제 사이의 최초의 분쟁에 뿌리가 있다. 가인의 제물은 거부 당했다. 왜냐하면 그는 자신의 노동의 열매를 드렸다. 반면에 아벨은 그리스도의 오심을 예언한 피의 희생물을 드렸다. 이것으로 가인은 동생을 살해할 분노를 갖게 되었다. 하나님에게 우리가 받아드려지는 것의 기초는 십자가이다. 이것이 기독교 신앙과 행함을 통해 인간이 받아드려지는 다른 종교 사이의 중요한 차이이다.

　진정 그리스도를 따르고 그분이 우리의 의라고 생각한다면 우리의 자랑은 항상 그분이 되어야 한다. 그분이 하신 것을 보았을 때 어떻게 우리 자신의 행함을 고귀하게 생각할 수 있을까? 우리가 행한 것으로 주님이 우리를 받아들이신다고 생각하는 것조차 십자가에 대한 모독이요, 우리를 타락으로 이끌어 궁극적으로 그리스도로부터 분리되게 하는 자만의 근본적 형태이다.

그분을 사랑하고 따르지 않을 수 없는 것은 그분이 우리를 위해 보여주신 고통이 증명하는 위대한 사랑 때문이다. 우리 자신이 아닌 그분을 신뢰하는 만큼 우리를 위해 오래 참으신 주님의 자유함과 담대함을 얻는 구원의 지식 속을 걷게 된다.

예수님이 말씀하셨듯이 아버지 역시 우리를 사랑하신다. 아버지는 우리를 사랑하셔서 그의 사랑하는 아들을 우리를 위해 죽게 하셨다. 아버지는 우리를 그만큼 사랑하시지만 그는 결코 우리의 행함으로 우리를 받아들이지 않는다. 그분이 그렇게 하신다면 그것은 십자가를 조롱거리로 만드는 것이요 우리를 죄와 죽음의 선봉장이 되는 자만의 손아귀에 남겨 두시는 것이다. 다음 구절인 에베소서 2:10로 넘어 가자.

> 우리는 그의 만드신 바라 그리스도 예수 안에서
> 선한 일을 위하여 지으심을 받은 자니
> 이 일은 하나님이 전에 예비하사
> 우리로 그 가운데서 행하게 하려 하심이니라

우리가 우리 자신의 것이 아닌 하나님의 작품이라는 사실을 강조하기 위하여 바울은 우리가 행함으로 구원받는 것이 아니라는 것을 깨닫게 하는 것으로부터 시작했다. 세상은 '제 힘으로 출세한' 사람들을 존경한다. 그러나 그리스도 안에서는 그렇지 않다. 우리의 목표는 하나님의 은혜로 형성되고 세워지는 것이다. 그래서 우리는 그분의 작품이고, 우리는 그분이 원하시는 것이 되기 위해 전념한다.

우리의 행함으로 구원받는 것이 아니라는 것을 선포한 후에, 바울은 그럼에도 불구하고 우리는 선한 일을 위해 창조되었다고 했다. 승인 받기 위해 선한 일을 하는 것과 하나님이 승인하신 위치에서 선한 일을 하는 것에는 차이가 있다. 우리는 승인 받기 위해 일하는 것이 아니라, 우리를 사랑하셨고 구원하셨고 우리를 통해 일하시는 그분을 사랑하기 때문에 일한다.

우리가 그리스도의 작품이라는 것과 그분이 우리의 삶의 모든 것을 실제 사용하고 계시다는 것을 알기 시작할 때, 우리는 우리의 온전함을 위해 그분이 허락하시지 않은 일은 그 어떠한 것도 우리 삶에서 일어날 수 없다는 것을 이해하게 된다. 그분은 토기장이, 우리는 진흙이다. 우리는 토기장이의 생명의 바퀴 위에서 돌아가고 있다. 우리의 삶의 사건들은 그분의 손이 우리의 모양을 만드시는 것이다. 우리의 목표는 삶 속에서 그분의 다루심에 저항하지 않고, 우리를 만지시어 빚으시도록 일하시는 그분을 위해 부드러워지는 것이다.

이것은 쉽지 않다. 가끔 상당한 혼돈이 올 수도 있다. 우리는 하나님께 순종한다. 그러나 우리는 마귀와 싸우도록 부름 받았다. 우리 삶의 사건 중 어떤 것은 마귀로부터 온다. 그렇다면 우리는 그것을 어떻게 구분할 수 있을까? 또한 우리의 삶에서 우리를 성숙하게 하는 하나님의 다루심 중 어떤 것은 하나님이 마귀가 우리를 시험하도록 하시는 것이 있다. 이것 역시 우리는 순종해야 하는가?

이러한 질문에 대한 간단한 답이 있다면 쉬울 것이다. 그러나 그렇게 된다면 우리는 하나님과 그의 지혜를 구하지 않을 것이다. 실로 꽤 복잡한 상황에 대한 대답은 깨닫기 위하여 위로부터 주시는 지혜를 구해야 한다. 그럼에도 모든 상황이나 시험을 통과하는 방법은 그리스도를 따르는 것이다. 고린도후서 2:14절에 있는 것과 같이, "항상 우리를 그리스도 안에서 이기게 하시고 우리로 말미암아 각처에서 그리스도를 아는 냄새를 나타내시는 하나님께 감사하노라." 주님은 우리를 항상 승리로 이끄셨다. 이것은 그분을 따라야만 한다는 것을 의미한다. 항상 바른 답은 바로 그를 따른다는 것이다.

승리를 위해 우리는 그분을 찾고, 보고, 우리의 관심을 그분에게 두어야 한다. 이것이 우리 삶의 거의 모든 시험에 대해 가져야 할 목표이다. 모든 시험을 끝낼 수 있는 것은 우리가 그분에게 가까이 가는 것이다. 우리 자신을 그분을 찾는 일에 더 빨리 내어 놓으면 놓을수록, 그리고 시험에 대해 그분을 따르기로 빨리 결심하면 할수록 우리는 통상 그것으로부터 더 빨리 벗어날 것이다.

그를 따른다는 것은 항상 십자가로 간다는 것이다. 주님의 승리는 십자가였고, 주님의 승리는 또한 우리 것이 되었다. 이것이 주님이 마태복음 16:25을 말씀하신 이유이다. "누구든지 자기 생명을 얻고자 하면 잃을 것이요, 누구든지 나를 위하여 자기 생명을 잃으면 얻으리라." 우리가 주님 안에 있다면 이 세상에 대하여는 죽은 자이다. 죽은 자를 화나게 하는 것은 불가능하다. 죽은 사람이 거부나 학대 당했다고 느끼는 것은 불가능하다. 이것이 사실이라면 우리는 어떤 상황에서든 하나님의 사랑으로 응답할 수 있다. 모든 시험에 대한 우리의 승리를 통한 이 방법으로 주님은 "어느 곳에서나 우리를 통하여 그분의 지식의 향기를 나타내신다."

우리의 상황을 간단히 파악하기 위해 "이 시험에 대한 나의 응답이 그리스도를 나타내고 있는 것인가?" "그렇지 않다면 주님을 나타내기 위해 이 상황에 대한 나의 대답을 바꾸어야 할 필요가 있는가?"라고 질문해 보자. 답은 간단하다. "예수님이라면 어떻게 하셨을까?"가 우리의 해답이다. 우리가 이렇게 할 때 그분의 형상을 닮게 될 것이다. 즉 이 세상에 있는 그분의 작품이 되는 것이다.

  이 구절에서 기술한 것처럼 우리는 "선한 일을 위해" 그분 안에서 창조 되었다. 이것은 야고보서의 중요한 주제이다. 야고보서 2:18-24을 읽어보자.

> 혹이 가로되 너는 믿음이 있고 나는 행함이 있으니
> 행함이 없는 네 믿음을 내게 보이라
> 나는 행함으로 내 믿음을 네게 보이리라
> 네가 하나님은 한 분이신 줄을 믿느냐
> 잘하는도다 귀신들도 믿고 떠느니라
> 아아 허탄한 사람아 행함이 없는 믿음이
> 헛것인줄 알고자 하느냐
> 우리의 조상 아브라함이 그 아들 이삭을 제단에
> 드릴 때에 행함으로 의롭다 하심을 받은 것이 아니냐
> 네가 보거니와 믿음이 그의 행함과 함께 일하고
> 행함으로 믿음이 온전케 되었느니라
> 이에 경에 이른바 아브라함이 하나님을 믿으니
> 이것을 의로 여기셨다는 말씀이 응하였고
> 그는 하나님의 벗이라 칭함을 받았나니
> 이로 보건대 사람이 행함으로 의롭다 하심을 받고
> 믿음으로만 아니니라

  야고보는 오늘날 많은 숫자의 크리스천들이 주님의 존재를 믿는 것만으로 '구원받기' 충분하다고 덮어버리는 것이 바로 속임수라고 증언하고 있다. 야고보의 설명으로 알 수 있듯이 마귀도 주를 믿는다. 그리고

주님의 능력과 권위가 크다는 것을 아마도 대부분의 크리스천들보다 훨씬 잘 알고 있을 것이다. 진정으로 주님을 믿는다면, 우리는 그를 위해 살 것이고, 그에게 순종하고, 그분이 우리를 창조하여 하게 하신 일을 할 것이다.

## 12장 사망에서 생명으로

　　에베소서 2:11에서 바울은 우리가 어떻게 변화되었으며, 주님 안에서 우리의 목적을 위해 어떻게 준비되는가를 지속적으로 가르치고 있다.

　　왜 주님은 그의 백성과의 언약의 표시로 할례를 만드셨는가? 몸은 성경에서 자주 육체적 성품에 대한 은유로 쓰였다. 그러므로 할례는 주님의 언약에 함께 하기 위해 육체적인 성품은 잘라 버려야 한다는 우리를 위한 징표였다.

　　할례는 타락으로부터 인간을 구원하시려는 주님의 첫 시작인 아브라함을 불렀을 때 만들어진 것이다. 의미적인 할례는 주님과 화합하는 모든 이에게 끊임없이 요구되는 것이다. 구원은 우리 죄가 단지 용서 받는 것보다 더 큰 의미가 있다. 십자가의 구원은 또한 우리의 죄성, 즉 '죄의 몸'의 제거

**에베소서 2:11을 연구해 보자.**

그러므로 생각하라
너희는 그때에 육체로 이방인이요
손으로 육체에 행한 할례당이라
칭하는 자들에게 무할례당이라 칭함을 받는 자들이라

를 공급한다.

죄의 성품을 합당하게 내려놓음 없이 손 쉽게 용서 받는 것을 조장하는 것은 속임수이고 복음의 비극적인 악용이다. 우리가 신약을 통해 반복해서 읽고, 구약이 확증하고 있듯이 십자가의 속죄함을 진정으로 받아들이는 사람들은 거듭나고 그것에 의해 변화된다.

이제 할례에 대한 것과 그것이 죄성을 없애는 것에 어떻게 연결되어 있는가를 생각해 보자. 할례는 상스러운 의미가 아니고 또한 신체 전부가 잘려나가는 것이 아니다. 오직 죄성을 나타내는 극단적인 정욕의 몸이 할례로 제거된다. 우리의 모든 성품이 죄로 찬 것은 아니다. 주님은 필요에 의해 우리를 혈과 육으로 창조하셨고, 우리가 기쁨과 감사함으로 가득 차기를 바라셨다. 욕망을 갖는 것은 죄가 아니다.

'육'이라는 단어가 성경에 사용될 때는 원래의 뜻 그대로가 아닌 죄성과 관계가 있는 것으로 쓰였다. 예를 들면, 성에 대한 욕망은 그것이 창조된 테두리 안에 있을 때에는 죄가 되지 않는다. 그것은 결혼의 언약 관계에 있는 두 사람의 결합을 위해 즐기고 사용하여야 할 하나님으로부터 받은 선물이고 경이롭고 흥분되는 것이다. 우리의 자연적인 욕망이 악용되는 것을 가장 잘 막을 수 있는 것은 그 욕망을 정당하게 사용하는 것이기 때문에 이것을 아는 것이 중요하다.

내가 샬롯에 살 때, 가끔 신부님들과 지도자들이 일주일에 한 번 만나는 친교 모임에 참석했었다. 매주마다 흥미로운 일들이 일어나서 나는 이 친교 모임을 실제로 아주 좋아했다. 그 특별한 일이 있었던 날 나는 참석하지 못했었다. 거의 80이 된 퇴임한 영국 성공회 주교가 그의 삶의 죄로 인해 다른 신부들에게 그를 위해 기도해 줄 것을 부탁했다고 한다. 그것이 무엇이냐고 물었을 때 그는 창피해 하며 대답했다고 한다. "욕정"이라고. 그리고 덧붙이기를 "나의 아내에 대한…" 모두들 먼저 그를 믿을 수 없다는 듯이 쳐다보았고, 그가 매우 심각하게 보여서 다른 신부님들은 한 목소리로 답했었다고 한다. "아닙니다, 우리가 당신을 위해 기도할 필요가 없겠습니다. 당신이 우리를 위해 기도해야 할 것 같네요!"

구속의 목적은 타락에 의해 잃어버린 것을 회복하는 것이다. 가장 중요한 것은 인간의 하나님과의 친밀함이다. 그것이 회복되었을 때 사람들의 관계가 처음에 예정되었던 것으로 회복될 것이다. 자기 본위적인 것은 모든 관계를 잘못되게 만든다. 그러므로 우리는 거부, 학대 같은 자기 본위적인 것의 원인이 되는 죄의 상처를 치유 받아야 한다. 그러나 주님이 이것을 하시는 방법은 자기 반성의 긴 과정이나 그것의 원인을 알아내기 위해 우리 주변을 파내는 것이 아니다. 주님은 우리를 거듭난 새로운 피조물로 시작하게 함으로 이러한 문제들을 제거하신다. 우리의 마음을 새롭게 하는 목표는 죽은 것으로 간주된 옛 사람을 고치려 하는 것이 아니라 이제는 새롭게 된 새 피조물이라는 것을 받아들이는 것이다.

로마서 6:3-14에 이것이 우리의 삶 속에 어떻게 적용되는가를 분명하게 보여 준다.

무릇 그리스도 예수와 합하여 세례 받은 우리는
그의 죽으심과 합하여 세례 받은 줄을 알지 못하느뇨
그러므로 우리가 그의 죽으심과 합하여 세례를 받음으로
그와 함께 장사 되었나니 이는 아버지의 영광으로 말미암아
그리스도를 죽은 자 가운데서 살리심과 같이
우리로 또한 새 생명 가운데서 행하게 하려 함이니라
만일 우리가 그의 죽으심을 본받아 연합한 자가 되었으면
또한 그의 부활을 본받아 연합한 자가 되리라
우리가 알거니와 우리 옛 사람이 예수와 함께 십자가에
못 박힌 것은 죄의 몸이 멸하여
다시는 우리가 죄에서 종 노릇 하지 아니하려 함이니
이는 죽은 자가 죄에서 벗어나 의롭다 하심을 얻었음이니라
만일 우리가 그리스도와 함께 죽었으면
또한 그와 함께 살 줄을 믿노니
이는 그리스도께서 죽은 자 가운데서 사셨으매 다시 죽지
아니하시고 사망이 다시 그를 주장하지 못할 줄을 앎이로라
그의 죽으심은 죄에 대하여 단번에 죽으심이요
그의 살으심은 하나님께 대하여 살으심이니
이와 같이 너희도 너희 자신을 죄에 대하여는 죽은 자요
그리스도 예수 안에서 하나님을 대하여는 산 자로 여길지어다
그러므로 너희는 죄로 너희 죽을 몸에 왕 노릇하지 못하게
하여 몸의 사욕을 순종치 말고
또한 너희 지체를 불의의 병기로 죄에게 드리지 말고

오직 너희 자신을 죽은 자 가운데서 다시 산 자 같이
하나님께 드리며 너희 지체를 의의 병기로 하나님께 드리라
죄가 너희를 주관치 못하리니…

## 13장     새로운 피조물

　에베소서 2:12-16에서 사도 바울은 다른 기본적인, 그러나 진정 십자가의 놀라운 결과와 그 역사하심에 대해 설명한다.
　바울이 "하나인 새로운 사람"을 만드는 것으로 말한 "둘"은 유대인과 이방인이다. 우리 시대의 가장 심각한 이슈 중 하나는 이것이 어떻게 그리고 왜 일어날 것인가에 대한 계시의 문제이다. 많은 사람들이 현대 교회의 기반이 예루살렘보다 로마에 있다고 이해하기 시작했다. 그러나 이것은 하나님이 말씀하셨던 것이 아니다. 그렇다고 주님이 로마와 그 기초 위에 세워진 다른 위대한 교회들을 원하지 않았다는 것이 아니다. 주님은 단지 사람들 스스로 선택한 기초로 하나님의 기반을 대신하는 것을 원치 않으신다.

이 장에서 우리는 에베소서 2:12-16에 대한 연구를 계속할 것이다.

그때에 너희는 그리스도 밖에 있었고
이스라엘 나라 밖의 사람이라 약속의 언약들에 대하여 외인이요
세상에서 소망이 없고 하나님도 없는 자이더니
이제는 전에 멀리 있던 너희가 예수 안에서
그리스도의 피로 가까워 졌느니라 그는 우리의 화평이신지라
둘로 하나를 만드사 중간에 막힌 담을 허시고 원수된 것
곧 의문에 속한 계명의 율법을 자기 육체로 폐하셨으니
이는 이 둘로 자기의 안에서 한 새 사람을 지어 화평하게 하시고
또 십자가로 이 둘을 한 몸으로 하나님과 화목하게 하려 하심이라
원수된 것을 십자가로 소멸하시고

주님이 예수님을 낳도록 유대인을 택하신 이유가 있다. 또한 주님이 교회의 기초를 예루살렘에 놓으신 이유가 있고 모든 성경 기자가 모두 유대인인 이유가 있다. 이에 대한 주님의 의도를 이해하는 것은 말세 전에 하나님의 온전하신 목적으로 들어가기 위하여 중대한 것이다. 인생길의 양쪽에는 도랑이 있다. 그 어느 쪽으로도 떨어지지 않고 이 이슈에 대한 인생길을 찾는 사람은 거의 없었다.

많은 이들이 유대인의 뿌리를 이해하는 것의 중요함을 깨닫기 시작할 때 그들은 도리어 먼 길을 되돌아가 하나님과 함께할 토대로 "법령들이 포함되어 있는 율법"으로 돌아가려고 한다. 에베소 사람들에게 이 구절들이 선포되었을 때, 주님은 당신의 몸으로 이것을 이미 폐지하셨다. 주님은 십자가에서 우리의 의가 되심으로 율법이 의의 원천이 되는 것을 폐하셨다. 그러므로 우리는 더 이상 의의 율법을 지키려할 것 없이 십자가를 받아들이고 우리의 의가 되시는 주님 곁에 머물러야 한다. 진정한 유대인의 뿌리를 실제로 이해하기 위해 우리는 죄로 인해 보태어질 수

밖에 없었던 율법 이전으로 돌아가야 한다. 갈라디아서 5:4-9에 가장 엄숙하게 경고하고 있다.

> 율법 안에서 의롭다 함을 얻으려 하는 너희는
> 그리스도에게서 끊어지고 은혜에서 떨어진 자로다
> 우리가 성령으로 믿음을 좇아 의의 소망을 기다리노니
> 그리스도 예수 안에서는 할례나 무할례가
> 효력이 없되 사랑으로써 역사하는 믿음뿐이니라
> 너희가 달음질을 잘 하더니 누가 너희를 막아
> 진리를 순종치 않게 하더냐
> 그 권면이 너희를 부르신 이에게서 난 것이 아니라
> 작은 누룩이 온 덩이에 퍼지느니라

위의 경고처럼 율법으로 돌아간다면 우리는 "하나님으로부터 분리되는" 위험에 처하게 된다. 나는 교회에 유대인의 뿌리를 회복할 필요를 깨닫기 시작한 많은 이들이 예수님이 마태 16:16에 "바리새인과 사두개인의 누룩을 삼가고 조심하라"라고 경고하신 바로 그 누룩을 받아들이기 시작하는 것을 보았다. 이 누룩은 왜 율법이 고린도후서 3:7, 9에서 말하는 "죽음의 직분"과 "비난의 직분"인지를 말하고 있다. 로마서를 쓴 저자로서 바울은 로마서 3:31에 다음과 같이 주장하고 있다: "그렇다면 우리가 믿음으로 율법을 폐하느냐? 결코 그럴 수 없느니라. 오히려 우리가 율법을 굳게 세우니라."

예수는 하나님의 의의 기준인 율법을 폐하려 온 것이 아니다. 주님은 우리의 의가 될 수 있도록 율법을 성취하러 오신 것이다. 바울은 로마 사람들이 하나님의 의의 기준에 대한 깨달음이 없었기 때문에 율법 없

이는 죄도 없었을 것이라고 설명했다. 이 방법으로 율법은 우리를 그리스도에게로 인도하는 몽학선생이 되었다. 하나님을 진정으로 찾는 모든 이가 아는 율법이 우리를 주님께 인도한다. 그러나 우리 자신의 힘만으로 율법을 지킬 수 없다. 율법은 우리에게 용서하심과 하나님과의 화합을 위한 십자가의 속죄함이 생각나게 한다. 이것을 로마서 7:7-13이 설명한다.

> 그런즉 우리가 무슨 말을 하리요
> 율법이 죄냐 결코 그럴 수 없느니라
> 율법으로 말미암지 않고는
> 내가 죄를 알지 못하였으니
> 곧 율법이 탐내지 말라 하지 아니하였더면
> 내가 탐심을 알지 못하였으리라
> 그러나 죄가 기회를 타서 계명으로 말미암아
> 내 속에서 각양 탐심을 이루었나니
> 이는 법이 없으면
> 죄가 죽은 것임이니라
> 전에 법을 깨닫지 못할 때에는 내가 살았더니
> 계명이 이르매 죄는 살아나고 나는 죽었도다
> 생명에 이르게 할 그 계명이 내게 대하여 도리어
> 죄가 기회를 타서 계명으로 말미암아 나를 속이고
> 그것으로 나를 죽였는지라
> 이로 보건대 율법도 거룩하며 계명도 거룩하며
> 의로우며 선하도다
> 그런즉 선한 것이 내게 사망이 되었느뇨
> 그럴 수 없느니라

오직 죄가 죄로 드러나기 위하여
선한 그것으로 말미암아 나를 죽게 만들었으니
이는 계명으로 말미암아
죄로 심히 죄 되게 하려 함이니라

교회의 심각한 문제 중 하나는 죄를 드러내는 율법의 정당한 사용의 결핍이다. 이것은 가끔 예수님이 죄로부터 우리를 구원하러 오신 것을 우리의 문제에서 구하러 오신 분으로 바꾼 복음의 비극적 결과이다. 우리가 죄사함과 화해가 필요한 죄인이라는 것을 인식하지 못한다면 하나님과의 화해에 기초한 죄사함을 주시는 십자가에 우리 자신을 내어놓지 못할 것이다. 율법이 죄를 드러내기 위해 주어졌다 할지라도 십자가 대신 죄에 대한 치료법으로 율법을 받아 들이는 것은 상당히 위험한 함정이다.

그러므로 율법이 의도되었던 대로 사용된다면 선한 것이고, 잘못 사용된다면 결국은 속이는 것이고 "죽음의 직분"이 된다. 율법을 올바르게 사용하면 하나님과의 화해를 위해 십자가로 나아가지 않을 수 없게 된다. 그러나 바로 그 때 하나님의 인정하심에 머무르기 위한 토대로 법령을 지키기 위해 율법으로 다시 돌아가는 경우가 있다. 이것이 바울이 그의 서신에 정확하게 반복하여 쓰고 있는 함정이다. 이것이 1세기의 사도들이 싸워야만 했던 최초의 이단이었다. 이것은 한 때 1세기 말에 다시 일어났다. 궁극적으로 이것은 결국 선악의 지식 나무와 생명 나무 사이의 선택인 것이다.

이 장의 구절들은 오직 십자가만이 유대인과 이방인 사이의 적개심을 폐지할 수 있고, 마지막 날이 오기 전에 둘이 하나의 새로운 사람으로 부름 받는 일이 일어날 것을 설명하고 있다. 유대인 뿌리와 이방인 가지를 가진 나무가 싹이 돋을 것이다. 메시아를 믿는 유대의 믿는 자들은 이방의 믿는 자들 없이 완전해질 수 없을 것이다. 마지막 때가 오기 전에 이 일이 이루어질 것이다. 그러나 현재 그들은 그들 사이에 있는 생명의 길에서 만나기 위해 그들의 도랑에서 올라오고 있지 않다.

# 14장

## 시험 당함

우리를 구원으로 이끄는 복음은 평화의 메시지였다. 고린도후서 13:5은 "너희가 믿음 안에 있는지 너희 자신을 시험하고 스스로 입증하라"고 권면하고 있다. 우리가 생명의 길을 계속 가고 있는지 어떤지에 대한 중요한 시험 중 하나는 우리의 삶 속에 평화가 있느냐는 것이다. 예수는 화평의 왕이시다. 우리가 그분 곁에 가까이 걷고 있다면, 이 세상의 평화를 능가하는 평화가 우리 삶에 주어질 것이다.

우리 인생에 화평이 부족하고 싸움과 고통만 있다면 우리는 그분으로부터 표류하고 있는 것이다. 이런 경우라면 우리는 분명히 "너희 스스로를 입증하라"는 훈계에 주의를 기울여야 한다. 우리가 어디에서 방향 전환하는 것을 놓친 것일까? 무엇

**다음으로 연구할 구절은 에베소서 2:17-19이다.**

또 오셔서 먼데 있는 너희에게 평안을 전하고
가까운 데 있는 자들에게 평안을 전하셨으니
이는 저로 말미암아 우리 둘이 한 성령 안에서
아버지께 나아감을 얻게 하려 함이라
그러므로 이제부터 너희가 외인도 아니요 손도 아니요
오직 성도들과 동일한 시민이요 하나님의 권속이라

이 우리의 삶에 들어와 그분과 우리의 관계를 가리기 시작한 것일까?
우리는 예수를 통해 "한 성령으로 아버지께 나아간다"고 했다. 속죄함의 기본 목적은 하나님과 인간 관계의 회복이다. 이것이 우리 삶 속에서 이루어질까? 우리 삶 속에서 구속함이 작동하는 정도를 측정할 수 있는 주요한 방법은 우리가 주님과 얼마나 가까이 있는가에 의해서다. 이것은 우리가 진리의 길을 걷고 있는 정도를 시험할 수 있는 기본 방법이다. 우리는 주께 더 가까이 가고 있는가?

이것 역시 다음 구절과 관계가 있다. 우리는 "더 이상 외인도 아니요 손도 아니요 오직 성도들과 같은 시민이요 하나님의 권속"이다. 내가 어떤 이와 얼마나 가까운지를 말할 수 있는 한 방법은 내가 그의 집에서 얼마나 편안함을 느끼는가에 있다. 어떤 이들의 집에서는 자유로이 냉장고에서 먹고 마실 것을 꺼낼 정도로 편안함을 느낀다. 잘 알지 못하는 사람의 집에 있다면 그와 같이 하는 것은 생각도 못할 것이다. 그러나 남의 집에서 나의 집에 있는 것만큼 편안함을 느낄 수는 없을 것이다. 당신은

거룩한 걸음에 대한 비전

하나님의 집에서 얼마나 편안하게 느끼는가? 교회 건물을 말하고 있는 것이 아니다. 주님의 임재 안에서, 주님의 백성들 가운데서 편안함을 느끼는가를 말하는 것이다.

하나님의 권속은 또한 우리의 가족이다. 우리는 나그네가 아니고 주의 집에서 나그네 같이 느껴서는 안 된다. 새로 믿는 자들에게는 물론 시간이 필요하다. 그러나 이것이 우리가 어떻게 하고 있는가를 가늠할 수 있는 또 다른 방법이다. 우리는 어느 곳에서 집에서와 같은 느낌을 갖는가? 고린도후서 5:6-8에서 이것에 대해 상세히 설명하고 있다.

> 이러므로 우리가 항상 담대하여 몸에 거할 때에는
> 주와 따로 거하는 줄을 아노니 이는 우리가 믿음으로 행하고
> 보는 것으로 행하지 아니함이로라
> 우리가 담대하여 원하는 바는 차라리 몸을 떠나
> 주와 함께 거하는 그것이라

우리는 보는 것에 의한 것보다 믿음에 의하여 더 편안함을 느끼는가? 우리는 세상 것들 속에 있을 때보다 하늘 영역에 있을 때 더 편안한가? 조 갤링턴은 "우리는 임시의 영적 경험을 갖고 있는 인간이 아니라 임시의 인간의 경험을 갖고 있는 영적 존재이다."라고 말했다.

오늘날 유행하는 질문 중 하나는 "당신의 아버지가 누구십니까?"라는 것이다. 당신이 아버지를 생각할 때 맨 먼저 누구를 생각하는가? 하늘에 계신 아버지인가 아니면 땅에 있는 아버지인가? 우리는 또한 "당신의 집이 어디입니까?"라는 질문을 받을 수 있다. 집을 생각할 때 먼저 어디를 생각하는가?

# 15장

## 기초와 머릿돌

바울은 사도들과 선지자가 터라고 말하는 것이 아니다. 고린도전서 3:11은 예수 그리스도만이 교회의 터라고 하였다. 사도들과 선지자들은 터를 놓은 사람들이다. 터는 예수님이다. 예수님은 모퉁이 돌일 뿐 아니라 터이시다. 건물 전체이시다.

성경 시대에 엔지니어들은 커다란 종이 위에 그려진 정교한 계획을 가지고 집을 짓지 않았다. 대신에 건물의 모퉁이 돌을 사용하였고 그것으로 건물의 모양이나 넓이를 정하였다. 피라미드의 모퉁이 돌이 머릿돌이 되는 이유이다. 건축가의 계획에 따라 집을 잘 짓고 있는지 확인하기 위해 참고하는 것이 모퉁이 돌이다.

이와 같이, 예수님은 우리의 모퉁이 돌이시다. 그분이 지어지는 것이다. 이것이 바울의 최고 사역

에베소서 2:20로 이 장을 시작하자.

너희는 사도들과 선지자들의 터 위에 세우심을 입은 자라
그리스도 예수께서 친히 모퉁이 돌이 되셨느니라

의 목적이고, 골로새서 1:28-29에 쓰인 진정한 사도적, 선지자적 직분의 근본이다.

우리가 그를 전파하여 각 사람을 권하고
모든 지혜로 각 사람을 가르침은 각 사람을
그리스도 안에서 완전한 자로 세우려 함이니
이를 위하여 나도 내 속에서 능력으로
역사하시는 이의 역사를 따라 힘을 다하여 수고하노라

바울은 단지 사람들이 예수를 구세주로 고백하게 하려는 것이 아니었다. 물론 이것은 분명히 중요한 시작이다. 이것 역시 중요한 것이긴 하지만 바울은 단지 그들을 기독교적 교리를 정확하게 이해하게 하려는 것도 아니었다. 그가 한 것은 그가 가는 곳마다 단지 교회를 세운 것보다 훨씬

많다. 이 모든 것은 결국은 믿는 자들로 그리스도의 형상과 일치하게 하고자 하는 수단일 뿐이다. 하나님의 형상은 모든 이들이 처음부터 갖도록 창조되었다. 이것은 십자가의 속죄함을 통한 하나님과의 화해로 시작된다. 속죄함 다음은 우리 마음이 새로워지는 것과 우리의 삶을 그분의 방법에 일치시키는 것이다.

다시 말하면, 하나님은 주일 아침 얼마나 좋은 모임을 갖는 것으로 그분의 교회의 상태나 질을 심판하지 않으신다. 월요일 아침 사람들이 얼마나 선한가로 심판하신다. 우리 삶의 주된 소명은 단지 진리를 아는 것뿐 아니라 진리를 생활화하는 것이다.

교회의 주된 목적은 사람들에게 직분을 주는 것 이상의 것이 있다. 교회는 성도들이 그리스도의 형상을 닮아갈 때까지 수고해야 한다. 이것이 사도적, 선지자적 사역의 기초이고 교회가 부름 받은 것을 모든 직분자에게 나누어 주어야 한다. 각 사람이 그리스도 안에서 온전함을 이루도록 수고하는 것이 사역의 기초이다.

이것으로 판단했을 때 우리의 사역은 어떠한가? 우리 직분의 특성은 일상의 생활 속에서 우리가 섬긴 사람들의 특성에 의해 결정된다. 그들이 집에서 어떤가? 그들이 직장에 있을 때는 어떤가? 그들이 시장을 볼 때나 교통 혼잡 속에 있을 때 얼마나 참을성 있고 사랑하는 마음을 가지며 친절하게 행동하는가? 주위에 아무도 그들을 보고 있는 사람이 없는 비밀스러운 곳에서는 어떻게 행동하는가? 그들은 점점 그리스도를 닮아가고 있는가? 이것이 우리 자신의 삶을 판단하는 방법이다. 당신은 지난해보다 올해 더 주님과 같이 되었는가? 우리가 섬긴 사람들의 삶 속에 사역의 열매가 있는가?

교회의 역사는 성경 속 이스라엘 역사와 비슷하다. 무관심, 배교, 굴종 뒤에 오는 부흥과 해방 그리고 또 순환을 시작하는 부흥과 해방의 연속적인 사이클이다. 의식적 관습들이 진리를 대신하고 또는 현대의 프로

젝트들이 우리 가운데서 예수의 생명을 대신하는 대용물로 쓰일 때 무관심은 배교로 변한다. 의식적 관습들이 정당하게 사용된다거나 혹은 프로젝트들이 두 번째 중요한 것이라면 잘못될 것은 없다. 그러나 역사적으로나 우리 자신의 개인적 삶에서나 중요한 목적인 그리스도의 형상을 닮아가는 것에서 벗어난 결과가 모든 것에 문제를 일으킨다. 마찬가지로 사람들을 그리스도의 형상을 닮아가게 하는 것에 헌신하지 않는 모든 직분은 빗나간 것이다.

기초를 바르게 갖는 중요한 문제를 피력한 후에 사도바울은 21-22에서 주님의 성전 건설이 어떻게 완성되었는가를 설명하기 시작했다.

> 그의 안에서 건물마다 서로 연결하여
> 주 안에서 성전이 되어
> 너희도 성령 안에서 하나님의 거하실 처소가 되기 위하여
> 예수 안에서 함께 지어져 가느니라

이 말씀에 의하면 우리가 자동적으로 주님의 성전이 되는 것이 아니라 주님의 성전으로 자라가야 한다는 것을 알 수 있다. 그렇다면 어떻게 해야 하는가? 우리는 다른 믿는 자들과 함께 지어져야만 한다. 우리가 주님의 성전으로 지어져야겠다고 결단하는 가장 분명한 방법 중 하나는 우리의 생활이 다른 믿는 자의 생활과 함께 조화를 이루는 것이다. 교회는 단지 살아있는 돌 무더기가 아니라, 있어야 할 자리에 함께 고정되어 붙여진 살아있는 돌을 의미한다. 이러한 것이 우리가 있는 그리스도의 교회에서 일어나고 있는가? 그렇지 않다면, 왜일까?

교회는 단지 모임이 아니다. 그것은 삶이다. 우리가 거듭 났을 때 새로운 피조물이 되는 것 같이 새로운 피조물의 정체성은 현재 가지고 있

는 유대 관계보다 더 강해야 한다. 통상적인 가족은 그들의 동일성과 관계를 유지하기 위해 규칙적인 만남을 가져도 점점 더 멀어지는 경향이 있다. 그러나 하나님의 가족은 관계를 유지하기 위해 노는 날이나 특별한 날에 그냥 만나는 것이 아니다. 우리가 소명 받은 성전으로 자라간다면 우리는 더 가까워지고 우리의 삶은 점점 더 결속될 것이다.

우리가 함께함으로 회합 안에서 관계가 세워지고 강해지는 시간을 만드는 비전을 가져야 한다. 이것은 사람들을 단지 서로 인사하며 2분 정도 서 있는 것보다 중요하다. 소풍을 가고 모임을 갖는 것이 도움이 되기는 하지만 교회의 모임은 그 이상의 의미가 있어야 한다. 주님의 성전은 세상의 어떤 인간적 관계보다 더 풍부한 내용이 있는 것이어야 한다.

우리의 모임을 단지 목자가 양들에게 먹을 것을 던져 주는 그런 회합이 아닌 믿는 자들이 함께한 성전으로 만들어 갈 수 있을까? 많은 실질적인 방법들이 있다. 그러나 진짜 필요로 하는 실질적인 단계들을 이해하기 전에 그것을 위한 비전과 생각을 가져야 한다. 진정한 교회 생활은 그것을 본 사람이 놀라며 경이롭게 생각하는 멋있고, 마음이 끌리고, 순수하고, 참되고, 실질적인 문화가 되어야 한다. 이것의 참 맛을 본다면, 하나님의 사람들이 모이는 회합에 가끔 가는 것으로는 만족할 수 없을 것이다.

모든 모임은 그곳에서 훈련 받고 다른 사람들과 가까워지는 만큼 그들과 함께 만드는 경험의 장이 될 것이다. 이 시대가 가기 전에 세상에 보이도록 의도된 진정한 교회의 삶이 나타나게 될 것이다. 교회의 모임은 이 세상 모든 인간 관계 중에서 가장 풍요롭고 깊은 사회 속 공동체가 될 것이다.

그럼에도, 그보다 더 나은 것은 우리가 주님을 위한 성전이 되는 것이고 그분이 우리 사이에 거하시는 것이다. 하나님의 명백한 임재를 함께 경험하는 것보다 더 강하게 사람들을 결속시키는 것은 없다. 주님 자신이 그분의 성전을 결속시켜 주시는 진정한 접착제이시다. 우리 각자가 서로 가까워지는 것보다 더 중요한 것은 주님과 가까워지는 것이다. 우리가 진정 주님과 가까워진다면 서로 서로는 그만큼 더 가까워질 것이다.

# 광대한 비전

## 에베소서 3장 연구

**16장** 포괄적인 비전 · 104
**17장** 은혜의 능력 · 110
**18장** 정사들에 대한 증거 · 116
**19장** 환난과 영광 · 124
**20장** 가족과 속 사람 · 130
**21장** 생명에 대한 지식 · 136
**22장** 그리스도 안에서의 풍성함 · 140

# 16장     포괄적인 비전

이제 에베소서 공부의 중요한 부분을 시작하려 한다. 1부와 2부에서 사도 바울은 교회가 어떻게 불리워질 것인가에 대한 영광스럽고 광대한 비전의 틀을 제시했다. 서신의 나머지 부분에서는 이것을 어떻게 이룰 것인가에 대한 실질적인 계획을 그릴 것이다.

많은 사람들이 이 신비에 대한 이해는 초보적인 것이라고 생각한다. 그러나 교회 역사를 통해서 오늘날 이방인들이 어떻게 그리스도의 몸에 접목되었으며 하나님의 약속의 동참자가 되었는가 하는 신비를 진정 이해하는 크리스천들이 거의 없는 것이 사실이다. 교회가 이것을 깨닫는다면 오늘날과는 아주 다를 것이 분명하다. 그러나 이 신비는 드러날 것이고, 그때에 우리는 교회가 세상에 보여지

에베소서 3:1-6을 계속 공부해 보자.

이러하므로 그리스도 예수의 일로 너희 이방인을 위하여
갇힌 자 된 나 바울은 너희를 위하여 내게 주신 하나님의 그 은혜의
경륜을 너희가 들었을 터이라
곧 계시로 내게 비밀을 알게 하신 것은 내가 이미 대강
기록함과 같으니 이것을 읽으면 그리스도의 비밀을
내가 깨달은 것을 너희가 알 수 있으리라
이제 그의 거룩한 사도들과 선지자들에게 성령으로 나타내신 것같이
다른 세대에서는 사람의 아들들에게 알게 하지 아니하셨으니
이는 이방인들이 복음을 말미암아 그리스도 예수 안에서 함께 후사가
되고 함께 지체가 되고 함께 약속에 참예하는 자가 됨이라

는 방법에 매우 근본적인 변화가 있을 것을 기대할 수 있을 것이다.

주님이 아브라함을 부름으로 그에 대한 구속 계획을 시작하셨을 때 주님은 아브라함의 자손이 바닷가의 모래 같고 하늘의 별과 같을 것이라 하셨다. 이것은 하늘과 땅의 씨를 의미한다. 이것에 대한 이해의 부족으로 마지막 날에 하나님의 계획이 이스라엘과 교회 둘 다에 있다는 것에 대한 혼돈이 계속되고 있다. 어떤 이들은 하나님의 모든 약속들에 대해 교회가 이스라엘을 대신하고 있다고 믿고, 또 다른 이들은 이스라엘이 마지막 때에 교회를 대신할 것이라고 믿는다. 둘 다 정확한 것은 아니다. 처음부터 하나님은 아브라함의 영적인 자손과 통상적인 자손을 말씀하셨다. 모든 열방에 축복을 가져다 주는 것은 이 두 씨가 하나됨으로 이루어질 것이다.

구속함에 대한 하나님의 계획은 그분에게로 돌아오기를 갈망하는 어느 종족, 어느 나라의 누구이든, 그들이 포함될 때까지 점차적으로 커져 갈 것이다. 이것은 아브라함 한 사람과 언약을 만드는 것으로 시작되었

지만 그것은 아브라함의 통상적 자손들인 전 민족과 만든 것이 되었다. 주님은 아브라함과의 약속에 지구 상에 있는 모든 종족들을 포함시키기 위해 그 약속을 확장하셨다. 십자가가 모든 사람들 사이에 있는 장벽과 구분을 깨뜨렸고 누구나 구원의 문을 통과할 수 있게 되었다. 예수는 모든 사람의 진정한 구세주이시다.

어느 나라의 누구든지 구원의 언약에 함께 할 수 있다는 것은 기본적인 것이며 믿는 자들이 잘 이해해야 하는 것이다. 그러나 많은 믿는 자들이 아직 유대인들이 가지고 있는 역할을 잘 이해하지 못한다. 점점 많아지고 있는 유대의 믿는 자들도 이것을 이해하지 못한다. 어떻게 이 그룹이 둘 다 언약의 '동반자'요 '동참자'가 되는가? 개종한 유대인들이 교회로 합류하여야 하나? 혹은 교회가 지금 메시아 운동에 동참해야 하는가?

이것에 대한 답은 "양쪽 다 아니다" 또한 "양쪽 다"이다. 나는 여러분을 혼돈시키고자 하는 것이 아니다. 그러나 사실이 아닌 면도 있고, 그 자체에 여러 길이 있다. 이 논제에 대해서 현재 양쪽 진영의 논쟁이 커지고 있다. 확실한 답이 나올 때까지 양쪽 진영이 이 문제를 연구해야 할 것이다. 답이 분명해질 때 양 그룹이 소명 받은 대로 연관되어지기 시작하여 오가는 다리가 되어 실제로 하나가 될 것이다.

교회나 메시아 운동이나 아직 소명 받은 것을 이루지 못했다. 소명의 완성을 위해 둘 다 필요하다. 많은 이들이 교회가 구속에 대한 하나님의 계획에 대해 전적으로 유대인들을 대신해야 한다는 '대체 신학'을 주장한다. 다른 이들은 유대인들로 교회를 대신해야 한다는 내가 말하는 '대체, 대체 신학'을 주장한다. 이 모두 다 '그리스도의 신비'에 대한 근본적인 오해를 조장하고 있다. 그러나 때가 되면 명확해질 것이다.

분명한 한 가지는 구속의 계획은 포괄적인 것을 향한 질문할 것이 없는 행군이라는 것이다. 하나님의 소망은 지구상에 있는 모든 종족들이 축복 받는 것이다. 그분은 "모든 사람이 구원을 받으며 진리를 아는 데 이르기를 원한다"(디모데전서 2:4)고 하셨다. 우리는 언약을 언급함에 있어 배타성을 조장하는 그 어떤 교리도 경계해야 한다. 바울이 쓴 신비를 진정 이해하는 사람들은 유대인과 이방인을 모두 동참자로 필요로 하는 교제를 주장할 것이다.

그러나 하나됨이 일치함을 뜻하지는 않는다. 내가 나의 아내와 하나 된 방법은 그녀를 남자로 만드는 것으로 한 것이 아니라 하나님이 남자와 여자에게 주신 놀라운 차이점에 대해 감사하는 것을 배우는 것이었다. "그리스도의 비밀"이 온전히 이해되고 실행될 수 있는 방법은 유대인으로 이방인을 만들고 이방인들을 유대인으로 만드는 것이 아니라, 그들의 특별함을 감사하고 그로부터 배우는 것이다.

하나님께서 이방인들에게 믿음의 문을 열도록 사용하신 베드로조차도 이방인과의 관계를 어떻게 해야 하는가를 이해하는 것에 문제가 있었다. 그는 안디옥에서 바울에게 공개적으로 비난을 받은 적도 있었다. 이것은 양쪽이 전적으로 결심하여야 할 이슈인 것 같다. 나는 이 책 전체를 통해 그것을 충분하게 설명할 필요가 있다고 생각한다. 이 공부를 통해 우리는 이것이 대부분의 사람들에게 비밀로 남을 것이라는 것을 아는 것보다는 조금 더 진전될 수 있을 것이다. 이것은 그들의 온전한 목적을 이루려는 유대인과 이방인들에 의해 해결되어야 한다. 이제 우리는 배타적인 성향이 있거나, 성령보다 육체에 의한 동일성을 조장하는 교리나 사람들을 받아들이면 안 된다는 것을 알아야 한다. 고린도후서 5:16-21에 주어진 책임을 이루도록 노력하자.

> 그러므로 우리가 이제부터는 아무 사람도
> 육체대로 알지 아니하노라 비록 우리가 그리스도도 육체로
> 알았으나 이제부터는 이같이 알지 아니하노라

그런즉 누구든지 그리스도 안에 있으면 새로운 피조물이라
이전 것은 지나갔으니 보라 새 것이 되었도다
모든 것이 하나님께로 났나니 저가 그리스도로 말미암아
우리를 자기와 화목하게 하시고 또 우리에게 화목하게 하는
말씀을 우리에게 부탁하셨느니라
이러므로 우리가 그리스도를 대신하여 사신이 되어
하나님이 우리로 너희를 권면하는 것같이 그리스도를
대신하여 간구하노니 너희는 하나님과 화목하라
하나님이 죄를 알지도 못한 자로 우리를 대신하여 죄를
삼으신 것은 우리로 하여금 저의 안에서
하나님의 의가 되게 하려 하심이니라


사람들을 그들의 상속 재산에 만족하도록 돕는 것에서 오는 유익과 이점이 있다. 이것이 우리의 아버지와 어머니를 존중할 수 있는 한 방법이다. 그럼에도, 우리의 목표는 사람들을 단지 그들의 유산에 만족하게 하는 것이 아니라 하나님과 화해하게 하는 것이다. 우리는 하나님의 중심 목적을 작은 것들을 강조하는 것으로 대처하려는 교리나 사람들로 인해 흔들려서는 안 된다. 하나님과 화합하지 않으면 그 누구도 과거, 현재 그리고 미래에 온전히 만족할 수 없다. 하나님과의 화합이 이루어졌을 때 다른 이슈들은 쉽게 해결될 것이다.

# 17장 — 은혜의 능력

우리는 바울의 마음뿐 아니라 그의 사역에 대해 깊이 통찰해 볼 수 있는 에베소서 3:7-9를 계속 공부할 것이다.

맨 먼저 무엇보다도 바울은 복음의 종이었다. 그의 모든 인생은 다 찾아낼 수 없는 그리스도의 풍성함을 나누기 위한 미션에 초점이 맞추어져 있었다. 그는 하나님의 계속되는 은혜의 경이로움을 감출 수가 없었다. 그는 매료된 이 한 가지 주제를 그의 모든 저서에 쏟아 부었다. 그의 열정이 그리스도의 사도된 것을 특권으로 여기지 않는 사도들을 만들었다. 주님은 세상에 계실 때 아마도 사도들 중에서 가장 효과적으로 일하는 사도였을 것이다. 바울은 주님이 육체로 계실 때 주님과 동행하진 않았지만, 성령 안에서 바울보다 그분과 더욱

이 장에서 우리는 에베소서 3:7-9에 대한 연구를 계속할 것이다.

이 복음을 위하여 그의 능력이 역사하시는 대로
내게 주신 하나님의 은혜의 선물을 따라 내가 일군이 되었노라
모든 성도 중에 지극히 작은 자보다 더 작은 나에게
이 은혜를 주신 것은 측량할 수 없는 그리스도의 풍성을
이방인에게 전하게 하시고
영원부터 만물을 창조하신 하나님 속에 감추었던
비밀의 경륜이 어떠한 것을 드러나게 하려 하심이라

가까이 걸었던 사람은 없다. 바울은 아주 많은 것을 용서 받았기에 주님을 더 많이 사랑했었던 것 같다.

바울은 주님을 알지 못하는 사람처럼 조종 당했었다. 이것은 그때까지 숨겨져 있었던 하나님의 계획의 비밀을 "드러나게 하기" 위한 주님의 열정이었다. 바울은 그의 마음을 사로잡은 주님의 영광을 알리기 위해 살았다. 바울은 그의 목적을 확실히 이루었다. 그는 동료 하나 없이 하나님의 은혜의 복음을 가장 투명하게 설명한 투사이다. 그를 오늘날 이 세상에서 가장 심사숙고한 저자로 보아도 될 것이다.

바울의 서신들은 어떤 서신들보다 능력 있는 편지들이다. 바울의 서신에 쓰여진 복음의 투명한 해설로 셀 수 없이 많은 사람들이 그리스도를 받아들였다. 그 서신들은 대성당 사제 성경으로 보존되어 있다. 하나님의 남종이나 여종이나 그 누구도 바울만큼 하늘에 열매를 많이 가진 사람이 없다는 것은 아마도 맞는 말일 것이다. 그러나 놀랍게도 그는 그 자신을 "모든 성도 중에 지극히 작은 자"라 불렀다. 이럴 수 있는가?

물론 바울이 회심하였던 것은 하나님의 은혜에 의해서였다. 그는 교회를 박해했고, 그의 젊은 열정으로 하나님의 성도들에 대해 분노하고 있었다. 바리새인 중의 바리새인인 그의 모든 논리적 사고가 그를 진리에 대해 직접적으로 논쟁하게 만들었다. 바울은 자신이 사도권에 대한 공적을 주장할 수 없다는 것을 알았다. 그는 하나님의 은혜와 자비에 대한 모든 것에 빚지고 있다고 생각했다. 그는 이것을 결코 잊지 않았다. 이것은 분명히 그가 세상에 살면서 가장 위대한 은혜의 복음의 투사가 된 이유일 것이다.

바울은 또한 그 시대에 가장 똑똑한 사람이었을 것이다. 뿐만 아니라 아마 모든 시대를 통틀어 가장 똑똑한 사람들 중 하나이기도 할 것이다. 그가 가지고 있는 진리의 모든 것은 하나님의 자비와 은혜에 빚진 것이라는 것을 그는 온전히 알고 있었다. 사람의 논리적 사고로는 결코 구원에 이를 수 없다. 사람들에게는 하나님을 깨닫고 이해할 수 있는 예지가 주어졌다. 그러나 혼자의 힘으로 이 지식을 배울 수는 없다. 우리가 그분을 알게 된다면 하나님이 자신을 나타내 주실 것이다. 피조물들이 자만으로 많은 악한 것을 풀어 놓은 사탄의 타락에 빠지기 때문에, 겸손은 타락에서 돌이켜 복 주시는 창조주에게 우리의 마음을 열기 시작하게 한다. 바울은 다른 이들이 거의 알고 있지 못한 이것을 깨달은 것 같다.

야고보서 4:6에 "…하나님이 교만한 자를 물리치시고 겸손한 자에게 은혜를 주신다."라고 쓰여 있다. 주님은 그의 가장 나쁜 적들까지도 그들이 교만을 버리고 낮아진다면 어떻게 환영을 받고 도움을 받을 수 있는가를 바울에게 보여 주셨다. 바울 자체가 바로 이 놀라운 은혜의 예이다. 바울은 하나님이 그에게 베푸신 자비를 결코 잊을 수 없어서 끝까지 주님의 은혜 속을 걸었다. 그러므로 온전한 겸손으로 자신을 진정 모든 성도들 중에 가장 가치 없는 자라 생각했다. 이것 때문에 그는 그를 통해 이루어진 모든 것을 하나님께 돌려드렸다. 그러므로 하나님은 그의 일을 위해 특별한 능력을 바울에게 맡기실 수 있었다.

흥미롭게도 바울은 그의 사역을 전혀 이러한 겸손으로 시작하지 않았다. 여러분은 바울의 편지 연대기에서 그의 겸손의 진행 과정을 엿볼 수 있다. 그가 가장 먼저 쓴 편지 중의 하나에서 그는 어느 위대한 사도들보다 그가 열등하지 않다고 주장한다. 몇 년 후 이런 태도가 바뀌어 그는 스스로를 "… 사도들 중 가장 작은 자…"(고린도전서 15:9)라 부른다. 바울은 더 나아가 에베소 사람들에게 보낸 그의 편지에서 자신을 성도들 중 가장 작은 자라 하고, 5년 뒤에 쓰여진 그의 마지막 서신들에서는 "… 죄인 중의 괴수…"(디모데전서 1:16)라 하고 있다.

바울은 진정 그 어느 사도들보다 더 애쓰고 수고했다. 그가 대부분의 열매를 맺었다고 말할 수 있다. 오늘날도 그의 편지를 통하여 세상의 어떤 사역들보다 더 많은 열매가 맺어지고 있다. 그럼에도 능력이 더 하면 더할수록, 그의 수고에 대한 열매가 풍성하면 할수록 실제로 그는 점점 더 겸손해졌다. 이것은 진실한 영적 성숙으로 겸손함이 증가한다는 진리의 드물고 놀라운 예이다. 우리를 하나님과의 천밀한 관계로부터 돌아서게 하는 타락의 원인은 이것의 반대에 의한 것이다.

다시 말하면, 하나님은 진정 교만한 자를 물리치시고 겸손한 자에게 그의 은혜를 주시기 때문에 진정한 영적 성숙과 진정한 하나님의 은혜를 향하여 나아가는 자들은 또한 더욱 겸손하여지는 쪽을 향해 나아갈 것이다. 이것이 은혜에 관한 모든 것이다. 그러므로 하나님의 은혜를 추구하는 자들은 겸손을 추구하며 일한다. 우리는 이것이 삶의 비전이 되어 있는가?

언제나 우리의 자랑스럽고 성공한 모습을 보이기 위해 노력하는 대신, 더 작게 보이기 위해 애쓰고 다른 이들을 세우기 위해 자신을 바치는 것만이 우리의 삶을 현저하게 바꿀 수 있는 것이 될 것이다. 우리는 성경에서 지속적으로 "겸손하라"고 권고 받는다. 너 자신을 높이라는 구절은 단 한 구절도 없다. 그러나 하나님의 일은 높여야 하는 것은 분명하다. 누가복음 14:11에서 주님은 분명하게 말씀하신다. "무릇 자기를 높이는 자는 낮아지고 자기를 낮추는 자는 높아지리라." 우리는 지금 이 시대에서 결국 끝이 좋지 못했던 이기적 지위 상승 위에 세워진 목회자들과 교회들의 예를 넘치게 가지고 있지 않은가?

우리가 다른 사람을 위해 더 기도하고, 우리 자신보다 다른 이를 통해 하나님이 하시는 일을 촉진한다면, 그때 하나님이 우리를 높이시기 시작하실 것이다. 우리의 일은 우리를 낮추는 것이고, 높일 필요가 있을 때 높여 주시는 것이 하나님의 일이다. 이렇게 산다면, 우리는 더 많은 열매를 맺을 수 있는 더 큰 능력과 진정한 영적 권위를 위임 받게 될 것이다.

# 18장 정사들에 대한 증거

이전 장에서 우리는 하나님의 은혜의 신비가 그리스도를 통해 어떻게 나타났으며 바울의 사역을 통해 어떻게 드러났는지를 공부했다.

대부분의 복음적인 크리스천들은 그들이 회심한 후 바로 다른 사람들에게 증거하는 법을 배운다. 그러나 과연 얼마나 많은 이들이 천상의 정사들과 권세들에 대해 증인이 되어야 하는 우리의 소명에 대하여 배우는가? 우리는 이것을 어떻게 배워야 하는가?

사탄은 에덴동산에서의 인간의 타락 이후 자만심을 갖게 되었다. 사탄의 자만은 선과 악을 선택할 수 있는 권한이 주어진 하나님의 피조물 중 영광을 머리에 두른 인간조차도 악을 선택했다는 것이다. 십자가 사건 이후조차도, 사탄의 자만은 하

> 이제 공부할 다음 구절인 에베소서 3:10은
> 이것이 이루어져야만 하는 놀라운 의미와 이유를 보여 주고 있다.
>
> 이는 이제 교회를 통하여 천상에 있는 정사들과 권세들에게
> 하나님의 다양한 지혜를 알게 하려는 것이다

나님은 악한 길을 가는 인간들을 용서하실 수는 있어도 그들을 바꾸어 놓을 수는 없다고 계속 선언하여 왔다. 선택권이 있는 인류가 하나님의 길보다는 사탄의 길을 택할 것이라는 증거로 사탄이 교회를 지적했음에도, 종말이 오기 전에 흠이 없고 구김 없고 그 마음에 부패함이 없는 교회가 있을 것이다. 그 교회는 전 시대를 통해 모든 피조물들에게 그리고 정사들과 권세들에게까지도 선함이 결국에는 악을 이길 것이라는 것을 증명할 것이다.

요즘에도 사탄은 첫 번째 남자와 여자가 완벽한 세계에 살았을 때 조차도 그들이 선택한 것은 죄라는 것에 대해 자만하고 있다. 그러나 '마지막 아담'의 신부-그리스도의 신부-는 가장 불완전한 세상에서 마귀와 그의 군단들과 또한 모든 타락한 인류와 대적하며 살 것이다. 그녀는 순종을 택할 것이다. 그녀는 타협함 없이 진리와 의를 나타낼 것이고, 그녀에게 주어진 빛의 능력으로 어두움을 몰아낼 것이다.

교회가 결국 이것을 할 때에 하늘, 지옥, 땅의 모든 것들이 그리스도

의 신부를 통해 나타나는 거룩함의 아름다움을 볼 것이다. 이 땅의 사람들은 본래 창조되었던 모습으로 회복된 사람들을 보게 될 것이고, 그들은 이것이 그들 본성에 예정되었던 것임을 알고 그 빛에 이끌리게 될 것이다. 이 세상의 여자들은 교회의 성화된 여인의 존엄, 고결함 그리고 우아함을 보게 될 것이고, 그들 역시 틀림없이 그렇게 되도록 창조되어졌다는 것을 알게 될 것이다. 정사들과 권세들조차도 그 우아함-교회를 통해 나타내어진 거룩함의 아름다움-에 경탄할 것이다. 이것이 가장 어두운 시대에 이루어질 때는 더욱더 장관일 것이다.

이것이 바로 우리들의 소명이다. 주님은 단지 죄의 결과로부터 우리를 구하시기 위하여 죽으신 것이 아니라 죄 그 자체로부터 구하시기 위해 죽으신 것이다. 그의 구원이 지속적으로 우리의 삶 속에 적용되고 있다면, 우리는 모든 것에서 그분처럼 되는 것으로 성장할 것이다. 이것이 에베소 사람들에게 보낸 서신의 중심 요점 중 하나이다. 계속 공부해 갈 때 우리는 점점 중심 요점들을 보게 될 것이다.

점점 더 어두워지는 어둠 속으로 퇴화되어 가는 세상을 볼 때, 더욱이 교회에서조차도 같은 일들이 일어나고 있는 것 같을 때 우리는 절망하기 쉽다. 그럼에도 불구하고 여러분은 이 한 가지를 명심해야 한다. 무너지지 않은 수천이 있다는 것을. 그들은 주님의 은혜와 지식 속에서 성장하고 있다. 세상을 향한 그들의 임박한 계시는 세상을 놀라게 할 뿐 아니라 하늘을 흔들 것이다. 주님은 이사야를 통해 설명하셨다.

> 일어나라 빛을 발하라 이는 네 빛이 이르렀고
> 여호와의 영광이 네 위에 임하였음이니라
> 보라 어두움이 땅을 덮을 것이며 캄캄함이 만민을 가리우려
> 니와 오직 여호와께서 네 위에 임하실 것이며
> 그 영광이 네 위에 나타나리니

> 열방은 네 빛으로, 열왕은 비취는 네 광명으로 나아오리라
> 네 눈을 들어 사면을 보라 무리가 다 모여 네게로 오느니라
> 네 아들들은 원방에서 오겠고 네 딸들은 안기워 올 것이라
> 그때에 네가 보고 희색을 발하며 네 마음이 놀라고
> 화창하리니 이는 바다의 풍부가 네게로 돌아오며
> 열방의 제물이 네게로 옴이라 (이사야 60:1-5)

우리가 공부할 에베소서 3:11은 "이것은(정사들에게 알게 하신 것) 영원부터 우리 주 그리스도 예수 안에서 예정하신 뜻대로 하신 것이라."라고 하고 있다. 이것은 하나님의 계획 중 분명히 중요한 부분이다. 그러므로 우리는 이것을 매우 신중하게 받아들여야 한다. 이것은 땅에서의 우리의 행동이 하늘 영역에서 중요한 결과를 초래할 수 있다는 통찰력을 가져야 한다. 우리가 영적인 영역에서 그리스도 안에서 성숙한다면 땅과 하늘의 상호 작용은 우리에게 점점 더 실제적인 것이 될 것이다. 그러나 이것에 대한 가장 중요한 것이 에베소서 3:2에 있다.

> 우리가 그 안에서 그를 믿음으로 말미암아 담대함과
> 하나님께 당당히 나아감을 얻느니라

담대함과 아버지께 당당히 나아감은 거만한 나아감을 의미하는 것이 아니다. 우리의 담대함과 당당함은 항상 예수의 보혈에 있는 것이지, 우리 자신의 의에 있는 것이 아니기 때문이다. 이것은 예수 안에 있는 우리 때문이 아니라 우리 안에 계신 그분 때문이다. 우리의 담대함이 우리 자신의 행실이나 우리의 지위에 바탕을 둘 때마다 우리는 항상 두려운

교만의 결과인 타락의 위험에 빠지게 된다. 이것이 공중 권세 잡은 자와 그와 함께 떨어진 천상의 악한 정사들과 권세들에게 일어났던 일이다. 그럼에도 불구하고 우리의 의와 지위가 오직 예수의 보혈로 인한 것임을 항상 인식하여 겸손함을 잃지 않고 주님의 뜻대로 그분 앞에 담대히 나아갈 때 우리는 아버지에게 중요한 사람이 될 뿐 아니라, 정사와 권세들에게 아버지의 증인이 된다. 우리의 담대함과 당당함이 십자가에 있기 때문에, 우리는 자신의 의와 힘 위에 서는 것보다 더 담대하고 자신이 있다.

우리는 믿음과 교만을 구분하고, 거짓 겸손과 진실된 겸손을 구분할 필요가 있다. 교만은 우리 자신과 우리가 한 일과 우리가 누구인가를 생각하는 것에 초점을 맞추게 한다. 그러나 믿음은 항상 하나님과 그분이 하신 일과 그분이 누구신가에 초점을 맞추게 한다. 하나님이 우리의 담대함과 당당함의 원천이 되실 때 결코 교만은 있을 수 없다. 이것이 고린도전서 13:4-5을 말씀하신 이유다. "사랑은 오래 참고 사랑은 온유하며 투기하는 자가 되지 아니하며 사랑은 자랑하지 아니하며 교만하지 아니하며 무례히 행치 아니하며 자기의 유익을 구치 아니하며 성내지 아니하며…"

이것이 왜 진정한 크리스천의 성숙함이 모든 일에서 담대함과 자신감으로 나타나는지에 대해서 주를 모르는 사람들에게는 이해되지 않는 이유이고, 이 담대함이 이기적이고, 교만하고 건방진 것이 아닌 진정한 겸손의 은혜와 위엄의 모든 것을 가지고 있는 이유이다. 십자가를 본 자가 어찌 그 앞에서 겸손하지 않을 수 있을까? 그분이 누구시며, 지금 그분이 앉아 계신 모든 권세와 통치권을 본 자가 어찌 겸손하지 않을 수 있는가? 이런 영광의 자리에 거하시는 분이 우리를 위하여 자신을 낮추시고 사람으로 오셔서 인간의 손에 말로 형용할 수 없는 고통을 당하셨다면 어찌 우리가 더 겸손하여지는 것에 실패할 수 있을까? 그분만이 진정한 존귀와 영광을 받으실 분이고 통치권자이시기 때문에 우리는 겸손해야만 한다. 우리에 대하여 어떤 것은 받을만하다고 추정하는 것은 두렵고 질이 나쁜 속임수이다. 그러나 우리는 주님이 우리를 그만큼 사랑하시기 때문에 담대하게 되었다!

우리는 그분이 우리를 사랑하신다는 것을 알기 때문에 아버지께 당당히 나아가는 담대함을 갖는다. 이것은 가장 기본적인 것처럼 들리지만, 많은 크리스천들이 십자가의 속죄함이 없었다면은 우리를 이미 오래 전에 멸망시키셨을 구약의 하나님으로서 아버지의 개념을 가지고 있다. 세상을 너무 사랑하셔서 우리의 구원을 위해 그분의 오직 하나뿐인 아들을 우리에게 보낸 아버지이신 것을 잊어버리곤 한다. 예수님은 세상에 계시는 동안 아버지를 완전하게 반영하셨다. 그분이 죄인들과 압제당하는 자들에게 가지셨던 모든 긍휼은 아버지가 우리에게 가진 긍휼의 직접적인 반영이다. 하나님은 사랑이시다. 그리고 그분의 사랑 때문에 우리는 담대히 그분 앞에 나아가면 그분은 우리를 받아 주실 뿐 아니라, 우리가 그분께 더 가까이 나아오길 바라고 계신다.

우리가 얼마나 선한지 악한지와는 무관하게 그분의 사랑과 우리의 죄를 덮으시는 속죄함의 완전함을 깨달을 때 우리는 담대하게 그분 앞에 나아갈 수 있다. 우리 자신의 의로 나아가는 것이 아니다. 주님의 희생은 우리의 더 나쁜 죄조차도 값을 치루기에 충분하다. 그러므로 우리는 죄를 지었을 때 그분에게서 멀어지는 것이 아니라, 그분에게 달려가는 것을 배워야 한다. 우리에게 필요한 은혜는 오직 그분에게서만 받을 수 있다.

모든 크리스천의 궁극적인 능력은 우리에게 주어진 방법을 사용하여 하나님의 보좌로 나아가도록 하는 우리의 의지에 의해 결정될 것이다. 우리가 믿어 왔던 진리가 우리가 사는 생명이 된다. 우리가 필요한 은혜를 향해 나아감으로 시작한다. 그때 우리는 다른 이들의 필요한 것을 향해 가는 것도 배운다. 우리가 성장할 때 우리는 오직 그분과 함께 있기 위해 그분께 나아가기 시작할 것이다. 그분 앞에 나아가기 위해 성숙하거나 온전하여지기까지 기다리지 말아야 한다는 것을 기억하라. 단 우리는 그분 앞에 나아감으로써 성숙해지고 온전해지는 것이다.

하나님의 아들조차도 "…마음이 온유하고 겸손한…"(마 11:29) 분으로 오셨기 때문에 하나님의 아들 딸이 되어 만왕의 왕이신 분과 함께 상속자로 참여함으로 이러한 고귀한 소명의 권능과 권위 속을 걸으며 겸손하게 남는 것이 모두에게, 특히 정사나 권세들에게 가장 위대한 증거가 된다. 우리의 삶에서 목적을 이룬 증거들 중에서 하나님과 우리의 관계 회복과 다른 이들과의 관계 회복보다 더 큰 증거는 없다.

# 19장

## 환난과 영광

바울이 에베소 사람들에게 그들의 사도가 환난 받는 것을 보았을 때 낙심하지 말라고 한 것은 이해할 수 있는 것이다. 바울은 에베소 크리스천으로 인해 또 그들의 영광을 위해 어떻게 고통을 받게 되었을까? 이것에 대한 답은 사도행전 14:21-22에 있다. 다음은 바울의 전도여행에 대한 것이다.

> 복음을 그 성에서 전하여 많은 사람을
> 제자로 삼고 루스드라와 이고니온과
> 안디옥으로 돌아가서
> 제자들의 마음을 굳게 하여
> 이 믿음에 거하라 권하고 또 우리가
> 하나님 나라에 들어가려면 많은 환난을
> 겪어야 할 것이라 하고

많은 현대 서구의 크리스천들에게 이해하기 어려운 것으로 알려진
에베소서 3:13로 계속 나아가자.

그러므로 너희에게 구하노니 너희를 위한 나의 여러 환난에 대하여
낙심치 말라 이는 너희의 영광이니라

바울은 그가 겪는 환난의 목적이 하나님의 나라에 들어가게 하기 위한 것이라는 것을 알았다. 환난은 하나님 나라로 통하는 문이다. 환난은 우리를 십자가로 나아가게 한다. 우리가 십자가로 나아가 우리의 이기적 의지를 죽일 때, 주님이 더 많은 권위를 우리에게 맡기실 수 있다. 이것은 바울과 에베소서를 포함한 그의 사역을 통해 나타난 하나님의 영광이 적지 않다는 것을 의미한다.

모세가 주님의 영광 보기를 구했던 때를 기억하라. 주님은 모세가 그의 얼굴을 볼 수 없다고 말씀하셨지만 모세에게 그의 뒷모습은 보여 주셨다(출애굽기 33:13-23). 왜 주님은 당신의 영광을 나타내기 위해 모세에게 당신의 뒷모습을 보여 주셨는가? 모세는 그의 등에서 무엇을 보았을까? 모세는 주님의 채찍 자국을 보았다. 주님이 오시기 전 수천 년 동안은 십자가에 못 박히신 일이 없는데 어떻게 그럴 수 있는가? 주님의 역사가 세상의 기초가 놓이기 전에 끝났다는 것을 기억하라 (히브리서 4:3). 하나님의 영광은 아름다운 색깔보다 더 아름답다. 우리를 위해 그

분이 고통 받으신 모습보다 하나님의 영광을 더 잘 묘사할 것은 그 어느 것도 없다. 이것이 모세가 그분의 영광 보기를 구했을 때 뒷모습을 보여 주신 이유이다.

똑같은 일이 우리에게 실제로 있다. 이것이 바울의 사도적 권위가 도전 받았을 때 바울은 그의 권위의 증거로 그의 사역이 아닌 그의 고통을 지적한 이유이다(고린도후서 11:23-27). 또한 이것이 12명의 사도가 그들이 복음을 전파함으로 매를 맞을 때 기뻐했던 이유다. 사도행전 5:41의 말씀이다.

> 사도들은 그 이름을 위하여 능욕 받는 일에 합당한 자로 여기심을 기뻐하면서 공회 앞을 떠나니라

이것이 바울이 환난을 통해 하나님의 나라에 들어갈 수 있음을 말함으로 '성도들을 격려' 한 이유이다. 오늘날 대부분의 사람들은 더 낙심되는 것을 생각하지 않으려 한다. 이것은 진정한 영적 권위와 복음을 위해 고통 받을 가치가 있다고 생각되는 것이 깊이를 알 수 없는 특권이라는 것을 이해하는 이가 드물기 때문이다.

그리스도 예수가 우리의 표본이시다. 그분이 십자가를 피하셨다면 우리는 지금 어디에 있을까? 악을 이기신 최후의 승리를 이루신 곳은 그분이 참아내신 십자가이다. 우리 역시 우리의 삶을 내려 놓고 매일 우리 십자가를 지라고 배웠다. 이것은 사실이고 영광과 성취로 가는 유일한 길이다. 예수님은 마태복음 16:25에서 우리에게 분명히 말씀하셨다. "누구든지 제 목숨을 구원코자 하면 잃을 것이요 누구든지 나를 위하여 제 목숨을 잃으면 찾으리라."

로마서 5:3-5에서 바울은 이것을 다음과 같이 상세히 설명했다. "…

우리가 환난 중에도 즐거워하나니 이는 환난은 인내를, 인내는 연단을, 연단은 소망을 이루는 줄 앎이로다. 소망이 부끄럽게 아니함은 우리에게 주신 성령으로 말미암아 하나님의 사랑이 우리 마음에 부은바 됨이니." 에베소 사람들은 바울의 환난은 바울이 기본적인 기독교적 진리를 받아들인 예로 보았다.

성경과 기본적인 논쟁을 일으키는 가짜 교리는 우리가 고통 받지 않게 하기 위해 예수가 십자가로 나아가 고난을 받았다고 가르친다. 우리가 고통 받지 않게 하기 위해 십자가로 나아가 고통을 받으신 것이 아니라, 우리가 우리의 고통 속에서 승리하게 하기 위함이다. 사실 우리는 승리를 너머 그 고통들이 악을 이길 기회라는 것을 알고 '환난 중에 기뻐하게' 된다. 이것이 사실이 아니라면 순교는 무엇인가? 그들이 아무 소용없이 죽은 것일까? 물론 아니다. 우리는 많은 사람들이 '다른 복음' 즉 실제 십자가의 원수되는 복음을 가르치는 것을 알아야 한다. 1세기에 그런 일들이 있었다. 이러한 것이 새로운 것은 아니다. 하지만 진리의 길을 걷고자 한다면 가장 어려운 성경적인 진리들을 우리가 원하는 대로가 아닌 그 자체 그대로 받아들이기로 결심해야 한다. 다음과 같은 말씀이 예레미야 17:10에 있다.

"나 여호와는 심장을 살피며 폐부를 시험하고 각각 그 행위와 그 행실대로 보응하나니." 또 예레미야 20:12은 "의인을 시험하시는 만군의 여호와여…"라고 한다. 하나님의 시험은 우리가 잘못한 것으로 인함이 아니라 우리가 옳은 것을 하도록 하기 위함이다.

모든 시련은 시험이다. 시험은 유혹과 다르다. 통과하여 더 높은 학년으로 올라가기 위해 학교에서 주어지는 시험처럼, 영적인 시험은 우리가 더 큰 기름부음과 영적 권위로 가기 위해 우리에게 주어지는 시험이다. 이것이 바울이 환난으로 격려함을 받고 그것을 그들의 영광으로 알라고 에베소 사람들에게 쓴 이유이다. 그는 "나에게 주어졌던 커다란 시험들을 보라! 기회가 아닌가! 우리는 실제로 이것들로부터 영광을 보게 될 것이고, 여러분이 나의 목적에 하나되어 이 영광을 나눌 것이다."라고까지 말하고 있다.

나의 친구인 프랜시스 프랜지팬은 "당신은 하나님의 시험 중 그 어느 하나도 결코 실패하지 않을 것이다. 합격할 때까지 그 시험을 치를 것이기 때문이다."라고 말하곤 한다. 사실이다. 이것은 광야에서 제자리 걷는 것으로 부를 수 있다. 우리는 시련으로부터 도망가는 것을 중지하고 그것을 기회로 받아들여야 한다. 어쨌든 시련은 올 것이다. 그렇다면 왜 그것을 사용하지 않는가? 시련을 받아들이고 극복함으로 우리는 하나님의 나라에 들어갈 것이다.

군대는 전쟁으로부터 도망가기 위해 일어서는 것이 아니라 승리하기 위해 일어선다. 전쟁이 없다면 승리도 없다. 전쟁은 있을 것이지만 우리는 고린도후서 2:14의 말씀으로 격려를 받는다. "…항상 우리를 그리스도 안에서 이기게 하시고 우리로 말미암아 각처에서 그리스도를 아는 냄새를 나타내시는 하나님께 감사하노라." 당신이 패배하지 않는다는 것을 안다면 전쟁은 더욱더 재미있는 것이 아닌가! 그것이 우리가 붙잡고 나아가야 하는 진리이다. 환난 중에서도 우리가 경험할 커다란 승리에 대한 기대로 진정 기뻐하고 영광을 돌릴 것이다.

성경에 그 어느 것보다 많이 사용된 하나님의 이름은 "만민의 여호와" 혹은 "만군의 여호와" 이다. 이 이름은 실제로 그의 다른 어떤 이름보다 10배 이상 쓰이고 있다. 역사상 알려진 장군들 중에 전쟁에서 싸웠던 적이 없는 장군들이 있는가? 모든 위대한 장군들은 그들의 전쟁에서의 공적으로 알려졌던 것과 같이 모든 위대한 크리스천들은 같은 이유로 영원히 알려질 것이다.

# 20장 가족과 속 사람

바울이 하늘과 땅의 모든 족속들이 어떻게 하나님 아버지로부터 각각의 이름을 받았는지를 가르치고 있는 것이 흥미롭다. 이 구절도 하늘에 있는 족속들이 땅에 있는 족속들과 같음을 의미한다. 우리는 창세기에서 주님이 족속들을 임명하신 것과 그 족속들의 민족에 대해 안다. 주님은 그의 언약을 개인이 아닌 족속에게 주셨다. 주님이 우리 족속에게 보여 주신 중요성을 인식해야 한다. 또한 성경에서 가계에 지대한 비중을 두고 있는 것을 보아야 한다.

가족관계는 분명히 주님에게 매우 중요한 것이다. 이것이 마귀가 바로 그 가족 구조를 파괴하고 공격하는 것을 우선적으로 하는 이유이다. 우리는

**이번 장에서는 에베소서 3:14-16을 살펴볼 것이다.**

이러하므로 내가 하늘과 땅에 있는 각 족속에게
이름을 주신 아버지 앞에 무릎을 꿇고 비노니
그 영광의 풍성을 따라 그의 성령으로 말미암아
너희 속 사람을 능력으로 강건하게 하옵시며

이것을 어느 정도 깊이 간직하고 있지만 더욱 마음에 간직해야 할 일이다. 가족은 하나님이 주신 우선권을 받은 것이 분명하다. 가족 안에서 실패한다면 우리는 분명 인생의 중요한 부분에서 실패한 것이다.

과거에 가족관계에서 실패했다고 해서 미래에도 회복되지 못하고 성공하지 못할 것이라는 것은 아니다. 우리가 예레미야에서 읽은 것처럼 하나님도 이스라엘에게 이혼증서를 주셨다. 그럼에도 불구하고 우리가 할 수 있는 것은 마귀를 대적하고, 우리의 가족관계를 강건케함으로 주님을 더욱 기쁘게 해드리는 것이다.

나의 친구 존 차카 박사는 우리는 지구에 있는 눈에 띄지 않는 모든 종(種)을 지키기 위해 많은 시간과 돈을 쓰고 있지만 아마도 가장 위협받는 종인 남성을 지키는 것엔 아무 일도 하고 있지 않는다고 지적했다. 남성다움은 마귀와 그의 군대로부터 가장 큰 맹공격을 받고 있다. 남자, 특히 아버지들은 거의 모든 시트콤에서 익살 광대로 공격을 당한다. 책, 영화, 하물며 교재까지도 끊임없이 남자와 여자의 차이를 흐리기를 시도하고 있다. 이것은 하나님이 아버지이시기 때문이다. 이것이 우리가 주님과 나눌 수 있는 직분이기 때문에 부권보다 더 고귀한 소명은 없다.

마찬가지로 누구도 지금의 어머니 없이 아버지가 될 수 없으므로 모권도 끊임없는 맹공격 하에 놓여 있다. 교회는 하나님의 아들의 아내인 신부이고 주님의 자녀들의 영적인 어머니이다. 아버지는 가족의 머리이지만 어머니는 중심이고 가족 생활이 그 주위를 돌아가는 수레바퀴의 통과 같다. 어머니는 생활, 출산, 양육, 보호 그리고 새로 태어난 자들을-상속자들-성숙하도록 돕는 것을 감당한다. 어머니는 누구보다도 가장 중요한 교사이다. 생존했던 사람들 중 가장 현명한 솔로몬이 그의 지혜의 책을 쓴 후에 그것이 그의 어머니가 그를 가르친 것이라고 말한 이유이다(잠언 31). 그가 생존한 가장 위대한 왕 중의 하나인 다윗 왕의 아들이었지만, 그는 어머니로부터 그의 왕관을 받도록 되어 있었다(아가 3:11을 보라).

아버지를 아버지로서 존중하는 것은 어떤 면으로든 어머니와 그 지위를 작게 만드는 것이 아니다. 주님이 그의 신부를 위해 그의 생명을 바친 것처럼 아버지들은 가족을 섬김으로 가족 안에서 그들의 권위를 시행하는 것이다. 주님은 다른 이유로 남자와 여자를 만드셨다. 남자와 여자는 서로 다른 역할을 가지고 있고, 이 차이를 흐리게 하는 것이 가족의 기본적인 붕괴의 원인이 된다. 이것은 처음부터 분명한 마귀의 고도의 계획이다.

이번 장의 마지막 절에서 주님이 성령을 통해 그분의 능력으로 영광의 풍성함을 따라 우리의 속 사람을 강건케 하시기를 원하신다는 것을 우리는 안다. 이것은 주님이 우리의 속 사람의 강건함에 가치를 두고 계신다는 표시이다. 우리가 속 사람의 강건함에 가치를 두기 시작한다면 무슨 일이 일어날까? 우리의 시간을 우리의 몸에 하듯이 마음을 씻고, 단장하고, 먹인다면 우리가 얼마나 달라질까?

어느 곳에나 생겨나고 있는 체육관과 헬스 클럽을 보는 것은 좋은 일이다. 그리고 한 가지 일에 많은 시간을 쓰는 것도 개인적으로 이해할 수 있다. 그러나 겉 사람보다 속 사람을 만드는 것에 더 많은 시간을 쓰는 것이 훨씬 낫다. 겉 사람은 우리가 그것을 만들기 위해 얼마나 노력했는가와는 상관없이 어느 시점에서부터는 나빠져간다. 그러나 우리의 속 사람은 영원히 지속될 것이다. 이 구절이 말하고 있는 대로 주님은 '영광의 풍성함'을 우리의 속 사람에 투자하셨다. 그렇다면 우리는 얼마나 많은 것으로 갚아야 하겠는가?

나는 체육관에서 조금 더 멀리 달리고 조금 더 무거운 것을 들 수 있는 것보다, 암 걸린 사람을 고치고 절름발이를 걸을 수 있게 하는 것에 쓰여지는 것이 훨씬 더 낫다고 생각한다. 모든 성령의 은사를 움직이는 믿음은 어떤 면에서는 우리의 근육처럼 움직인다. 우리가 믿음을 사용하면 할수록 그것은 점점 더 크고 강하게 된다. 일반적인 신체 훈련에서는 이전에 했던 그 지점까지만 운동하는 것으로는 더 이상 강해질 수가 없다. 마찬가지로 믿음 생활에서도 같은 목표를 가져야 한다.

주님이 산을 문자 그대로 나의 믿음으로 움직이기를 바라신다고 말씀하시는 꿈을 꾼 적이 있다. 문제의 산, 장애물의 산을 말씀하신 것이 아니라 에베레스트 같은 산을 말씀하셨다. 이 꿈에서 나는 가구들로 시작해서 차를 움직일 수 있을 때까지 자랐다. 나는 문자 그대로 나의 말로 그것들이 들려 올려져 공중으로 움직이는 것을 보았다. 산에게 "…들리워져 바다에 던지어져라…"(마태복음 21:21)라고 문자 그대로 말할 수 있을 때까지 나의 믿음이 자랐고 산은 내게 복종하였다.

이단들이나 마술을 하는 사람들은 기술의 한 부분으로 공중 부양하는 것을 이해하고 있지만 그러나 그것이 주 예수께서 겨자씨만한 작은 믿음으로 산을 움직일 수 있다고 말씀하신 것을 무가치하게 만들지는 못한다. 사실 나는 마지막 날에 이런 류의 믿음을 갖게 될 것이라는 것을 안다. 나는 사스나 에볼라 바이러스에게 "이 해안 쪽으로 오지 말라"고 하면 그것이 되돌아가는 그런 믿음을 갖기 원한다.

우리는 실제로 영적인 체육관이 필요하다. 사실은 교회가 그것으로 부름을 받았다. 신체적으로 보기 좋은 모양을 갖는 것도 좋은 일이지만 영적으로 모양을 갖추는 것이 더 중요하다. 피터 로드는 가끔 '중요한 것은 중요한 것을 중요한 것으로 지키는 것이다.' 라고 말한다.

# 21장     생명에 대한 지식

    이 구절은 주를 믿는 것으로 우리 마음에 그리스도를 간직하라고 말한다. 이것은 우리가 그분 안에 믿음을 가질 수록 그분이 우리 안에 더욱 거하신다는 것을 의미하는가? 어떤 이들은 이것을 이해할 수 없을 것이다. 그 이유는 영적인 사실을 육체적인 것과 연결하려 하고 있기 때문이다. 그것들은 연관이 없다.

    사도행전에서 우리는 사도들이 성령으로 세례 받는 것을 본다. 그리고 그들이 다른 시간대에 다시 "성령 충만"해지는 것을 본다. 그들이 성령으로 다시 반복하여 세례 받은 것인가? 성령이 그들로부터 빠져나왔는가? 이것을 자연계의 현상을 이해하는 방법으로 하고자 할 때 납득이 가지 않을 것이다. 그러나 우리가 이해할 필요가 있는 영적인 이 장에서 공부할 구절은 에베소서 3:17-19이다.

믿음으로 말미암아 그리스도께서 너희 마음에 계시게 하옵시고
너희가 사랑 가운데서 뿌리가 박히고 터가 굳어져서
능히 모든 성도와 함께 지식에 넘치는 그리스도의 사랑을 알아
그 넓이와 길이와 높이와 깊이가 어떠함을 깨달아 하나님의
모든 충만하신 것으로 너희에게 충만하게 하시기를 구하노라

진리이기에 쓰여진 것이다.

  그리스도는 믿음을 통해 우리 마음에 거하신다. 우리가 주님을 믿으면 믿을수록 주님은 우리 마음을 더욱더 점거하신다. 우리가 다른 것에 더 많은 관심을 두기 시작하면 그것이 그리스도 대신 우리 마음을 차지하기 시작한다. 그러므로 매일 주님을 더 분명하게 보고 주님이 우리 마음을 더 온전히 채우시길 바라는 것이 우리의 목표가 되어야 한다. 이 교재가 설명할 다음의 매우 중요한 진리는 우리에게 현실이 될 것이다. 우리는 "사랑 가운데 뿌리 박히고 터가 굳어질" 것이다. "하나님은 사랑"이시기 때문에 우리가 사랑 가운데 뿌리 박히고 터가 굳어져 그분이 우리 마음에 계신다면 주님은 항상 우리를 사랑으로 인도하실 것이다.

  여기서 주목할만한 것은 바울이 "건전한 교리에 뿌리 박히고 터가 굳어지라"고 말하지 않았다는 것이다. 건전한 교리는 중요하다. 그러나 그리스도 안에 실제로 우리를 확립하는 것은 사랑이다. 바울이 고린도전서 13장에서 아주 놀랍게 말하고 있는 것처럼 우리는 모든 지식과 산을 움

직일만한 믿음도 가질 수 있다. 그러나 사랑이 없다면 그것은 우리에게 아무 소용이 없다. 그러므로 어느 것보다도 사랑을 추구해야만 하지 않겠는가? 사랑을 추구하는 방법은 사랑이신 하나님을 따르는 것이다.

이 본문이 단언하고 있는 것처럼 우리가 사랑 안에 뿌리 박히고 터가 굳어질 때 우리는 "넓이와 길이와 높이와 깊이"를 알게 된다. 우리는 이것을 "우리가 어떤 것을 알게 되는 것은 사랑으로 인함이다."라는 것으로 정확하게 재표현할 수 있다. 사랑이 우리 지식의 기초가 되지 않는다면 우리가 가진 지식은 정확한 것이 아니다. 사랑 외의 것은 지식을 왜곡한다.

우리가 그 사람을 사랑하지 않는 한 그 사람을 진정 알 수 없을 것이다. 사랑이 없다면 그들을 깊이 이해할 수 없다. 당신이 어떤 이들을 사랑한다면 다른 어떤 것보다 그들을 깊이 알고자 할 것이다. 마찬가지로 한 나라를 사랑하지 않는 한 그 나라를 진정 알 수 없을 것이다. 당신이 한 나라를 사랑한다면 그것을 더욱더 이해하게 될 것이다. 우리가 그 주제를 사랑하지 않는 한 더 깊이 있게 그 주제를 알 수 없을 것이다. 우리가 수학을 사랑하지 않는 한 우리는 결코 수학의 높이와 깊이를 알 수 없을 것이다. 역사를 사랑하지 않는 한 역사를 결코 바르게 알 수 없을 것이다. 사랑은 천박했던 과거로부터 우리를 끌어낸다. 그러므로 사랑은 더 높이 더 깊게 그리고 더 멀리 갈 수밖에 없는 진정한 지식의 기초이다.

우리는 이 방법에 의해 주님께 인도함 받는다. 학교에서는 공부해서 통과해야만 하는 많은 과목들이 있다. 그러나 좋아하지 않는 과목이 있다면 우리는 그저 패스할 정도로만 공부한다. 그리고 아마도 그 이후로는 그것을 더 이상 보지 않을 것이다. 그러나 사랑하고 좋아하는 것들은 계속 추구하게 된다. 이것이 예수님의 생명수는 우리의 '가장 깊은 곳에서 혹은 우리의 마음에서 흐른다' 고 말씀하신 이유이다. 그러므로 당신에게 생명이 되는 것은 당신이 가장 깊게 마음을 쓰는 것이다. 우리는 사랑에 의해 생명으로 인도함 받아야 한다.

사랑에 의해 이끌린 사람들은 결코 피상적이지 않다. 사랑은 당신이 사랑의 깊이, 높이, 넓이, 그리고 폭을 알도록 이끌어 준다. 사랑은 우리를 더 나아갈 수 있게 독려한다. 그리스도의 사랑은 지식을 넘치게 한다. "하나님의 충만한 것으로 충만하게" 되는 것은 주님의 사랑으로 인함이다. 하나님을 향한 사랑이 우리를 생명으로 인도하기 때문에 그분의 충만함을 알 때까지 우리는 주님께 끊임없이 끌리게 될 것이다. 이 본문은 우리가 그분을 실제로 알 수 있다는 것을 의미한다.

이것은 우리가 하나님에 대한 모든 것을 알 수 있다는 의미인가? 이 본문이 말하는 것은 그것이 아니다. 예를 들면, 나는 내가 바닷물로 채워질 때까지 바닷물을 마실 수는 있다. 그러나 이것이 내 안에 바다가 전부 있다는 의미는 아니다. 우리는 주님으로 채워질 수 있고, 인간으로서 가능한 만큼 하나님의 충만함을 알 수 있다. 그러나 하나님으로 채워진 그것보다 더 큰 깊이와 넓이로 모든 것을 알게 될 것이다.

물론 하나님에 대한 사랑은 우리 삶 속의 모든 다른 사랑을 능가해야만 한다. 그리스도에 대한 사랑으로 삶이 인도함 받는다면 단지 지식을 갖는 것보다 더 큰 삶을 살게 될 것이다. 사랑으로 가득하기 때문에 생명으로 가득한 삶이 될 것이다. 사랑은 진정한 지식의 기초이고 생명의 길이다.

그렇다면 왜 지금 우리는 하나님의 사랑으로 채워지기로 결심하지 않는가! 그렇게 한다면 우리는 우리와 관계된 모든 것을 사랑할 수 있고 우리의 직업조차도 사랑할 수 있을 것이다. 우리가 이전보다 모든 것을 더 잘 보고 이해하고 있는 것에 놀라게 될 것이다. 우리는 또한 하나님의 진실한 사랑으로 다른 이들을 만져 깨우는 삶을 살 것이다.

## 22장 그리스도 안에서의 풍성함

에베소서가 다른 어떤 것보다 교회의 영광스런 소명에 대한 바울의 마음을 나타낸 서신이기 때문에 우리는 에베소서를 구절구절 훑어 보았다.

주님이 그들이 구하거나 생각하는 것보다 더 많은 것을 하실 수 있다는 사실을 확신하지 않는 크리스천을 본 적이 없다. 그들은 단지 주님이 그러실 마음이 있으신가를 확신하지 못하고 있을 뿐이다. 이것은 의미 심장한 질문이다. 주님은 하실 수 있는 모든 것을 다 하시지 않으신다는 것은 분명하다. 주님은 이 세상에 모든 병든 자를 고치실 수 있고 모든 허기진 사람들을 위해 음식을 제공하실 수 있다. 주님이 하실 수 있는 것에는 제한이 없다. 그러나 주님은 어떤 조건이 될 때까지 하실 것을 보류하기도 하신다.

이번 장에서 연구할 에베소서 3:20-21에서
알아야 할 것을 위해 바울은 우리를 다시 부른다.

우리 가운데서 역사하시는 능력대로 우리의 온갖 구하는 것이나
생각하는 것에 더 넘치도록 능히 하실 이에게
교회 안에서와 그리스도 예수 안에서
영광이 대대로 영원 무궁하기를 원하노라 아멘

주님이 그의 역사를 풀어 놓으시는 조건은 대부분 믿음 그리고 순종과 관련이 있다. 그러나 위의 구절의 두 번째 부분은 하나님의 권능의 배포를 이해할 수 있는 중요한 구절이다. 우리는 이것을 가끔 보지 못하고 넘어가기도 한다. 주님의 충만은 "우리 안에 역사하시는 능력"과 연결되어 있다. 주님은 그의 능력을 우리에게 그저 나타내시기를 원하는 것이 아니라 우리를 통해 나타내시기 원하시는 것이다. 이것은 우리를 자기중심적으로 만들지 않기 위함이다. 그러나 인간을 자신이 거할 장소를 만드시고자 하는 것이 그분의 궁극적인 목적이기 때문에 주님은 그의 사람을 통해 자신을 나타내시길 원하신다.

이것이 이 시대에 사람들이 하나님을 믿지 않는 최대의 이유가 되었다. 그럼에도 이것이 이 시대의 마지막에는 주님을 믿는 가장 큰 이유가 될 것이다. 대부분의 크리스천은 주님께서 사람을 통해 자신을 나타내시려는 그의 목적을 이해한다. 그러나 많은 사람들이 이 위대한 진리가 이루어지는 것을 방해하는 주된 오해를 몇 가지 가지고 있다. 이 오해는

광대한 비전 **141**

"하나님은 사람을 높이지 않는다."라는 잘못된 가르침이다. 그러나 주님은 "…자기를 낮추는 자마다 높임을 받으리라."(마태복음 23:12) 고 약속하셨다.

'하나님은 사람을 높이지 않는다' 라는 것을 강조하는 사람들이 가장 거만한 사람이 될 수 있다고 생각해 본적이 있는가? 그들은 모든 사람과 특히 자신을 높이는 사람들의 심판관이 되어서 그들의 교만을 드러내고 있다. 자기를 높이는 것은 진정한 사역의 가장 파괴적인 요소이다. 주님은 자신을 높이는 모든 이들을 낮추시겠다고 하셨다. 그러나 우리는 주님이 그렇게 하시도록 할 필요가 있다. 그렇지 않으면 우리는 죽음의 함정에 빠질 것이다. 나는 성경에서 '너의 이웃을 낮추어라' 혹은 스스로를 높이는 자를 낮추도록 애쓰라는 것을 읽어본 적이 없다. 우리를 심판관의 자리에 놓거나 혹은 다른 사람을 낮추는 것이 우리의 일이라 생각하는 것은 우리가 할 수 있는 것 중 가장 교만한 것이다. 왜냐하면 그것이 바로 판단하는 일이기 때문이다.

이상주의는 인도주의의 한 형태이고, 겸손의 이상적인 관념은 하나님이 우리에게서 찾으시는 품성과는 대체로 거리가 먼 것이다. 다윗은 골리앗에 대해서 두려움을 가지지 않았을 때 형제들에 의해 교만한 것으로 치부되었다. 진정한 믿음은 대체로 거짓 겸손의 속임수 속에 잡혀있는 사람들에게는 교만한 것으로 받아들여진다.

우리는 우리 자신의 선함이나 의로움으로 주님에게 가치 있는 자가 결코 되지 못한다. 우리는 자기 중심적인 것, 자기 의의 뿌리들이 무가치하다는 것을 알아야 한다. 우리는 아직도 우리의 의가 되시는 주님 대신 자신을 보고 있다. 주님은 '적과 화합하라' 말씀하셨기에 적이 내게 주님이 나를 사용하실 만큼 내가 선하지 않다고 말할 때마다, 나는 그의 말을 받아들인다. 그러나 나는 내가 나의 의가 될 수 없고, 나의 의가 주님이 나를 사용하시는 이유가 결코 아니라는 것도 안다. 우리가 그분의 일을 할 수 있는 것은 주님과 그의 십자가의 능력을 신뢰하는 겸손을 통해서이다.

　주님이 우리 가운데 하시는 대단한 일 때문에 우리 스스로가 대단하다고 생각하는 것은 어리석은 것이다. 누군가가 그것은 예수님이 예루살렘으로 들어가실 때 타신 당나귀가 호산나 하는 소리를 자기 등에 타신 그분 대신 자기를 위한 것이라고 생각하는 것과 같다고 했다. 그럼에도 주님은 그의 백성을 통해 영광과 권능을 나타내신다. 우리는 결코 그만한 가치가 없다. 우리는 결코 그것을 가질 수 없다. 우리가 할 수 있는 것은 오직 하나님을 믿는 것이다. 우리가 그분을 믿는다면 우리는 그분께 순종할 것이다. 이것이 오직 우리가 할 수 있는 것이고 우리가 해야만 하는 것이다.

# 영원한 것을 세움

## 에베소서 4장 상반절 연구

**23장** 가치 있는 걸음 · 146
**24장** 하나됨 · 152
**25장** 값없이 주신 선물 · 156
**26장** 충만하라 · 162
**27장** 준비하라 · 168
**28장** 소명을 알라 · 172
**29장** 선지자 · 178
**30장** 복음 전하는 자 · 184
**31장** 목사 · 190
**32장** 교사 · 196
**33장** 사역이 갖는 목적 · 200

# 23장

## 가치 있는 걸음

    이번 장에서는 교회의 고귀한 소명과 목적, 그리고 어떻게 그것을 이루는가를 보여 주는 아마도 성경에서 가장 실질적이고 간결한 부분인 에베소서 4장을 공부해 보자. 이 놀랍고 혁명적인 장에 대한 공부를 계속하기 전에 바울이 에베소서에 쓴 것들을 위해 어떻게 기초를 놓았는가를 다시 재검토 해보는 것이 좋을 것 같다.

    바울의 편지에는 일반적인 형식이 있고 에베소서 역시 그것에 따라 쓰여졌다. 첫 번째 부분은 항상 인사말과 믿음의 일반적인 원칙들에 대한 조언이 있다. 그 다음 그는 편지를 쓰는 주요 목적을 간결하게 그리고 힘 있게 담대히 선포했다. 바울은 많은 말들을 남용하지 않았다. 그리고 성도들이 일어나 그들이 하도록 부름 받은 일을 달성하도록 격

> 이 장에서 우리는 에베소서 4:1-3에 대한 연구를 계속할 것이다.
>
> 그러므로 주 안에서 갇힌 내가 너희를 권하노니
> 너희가 부르심을 입은 부름에 합당하게 행하여
> 모든 겸손과 온유로 하고 오래 참음으로
> 사랑 가운데서 서로 용납하고 평안의 매는 줄로
> 성령의 하나 되게 하신 것을 힘써 지키라

려하는 것으로 끝맺는다. 에베소서 4장은 에베소 사람들에게 이 편지로 보내는 그의 메시지의 핵심이 포함되어 있고, 특색 있는 담대함과 투명함으로 기술되어 있다. 4장은 아마도 성경에서 이 땅 위의 교회의 목적에 대한 가장 중요한 곳일 것이다. 1-3절로 공부를 시작할 것이다.

바울은 그가 로마에서 사형당하기 얼마 전 감옥에 있을 때 이 편지를 썼다. 그가 자신을 로마인들에게 붙잡힌 자가 아니라 주님에 의해 갇힌 자로 생각하고 있는 것은 주목할만 하다. 믿음으로 사는 사람들은 주님이 명분을 갖고 허락하지 않으시면 그들에게 그 어느 것도 일어날 수 없다는 것을 안다. 그러므로 바울은 그의 상황을 하나님에 의해 정해진 것으로 받아들였다. 이 믿음으로 사는 것이 우리의 소명을 가치 있게 감당할 수 있는 유일한 방법이다.

믿음으로 사는 사람은 그들이 무너지지 않는 감옥에 있다 하더라도 항상 자유할 것이다. 바울은 그가 날마다 죽음으로 죽음을 두려워하지 않았다. 그는 이 세상에 대해서 이미 죽었다. 이 세상이 그의 진짜 목숨을 가져가기 위해 그에게 할 수 있는 것은 아무것도 없었다. 하나님에 대한 진정한 믿음으로 사는 사람은 가장 자유하고, 담대하고, 단호하고, 기쁘고, 겸손함으로 이 땅을 걷고 있는 은혜로운 사람일 것이다. 바울의 고백에 의하면, 그는 성령 안에서 그리고 그의 몸 안에 계신 주님 안에서 더욱 편안함을 느꼈기 때문에 그의 몸이 갇혀 있어도 그것은 그에게 아무 의미가 없었다. 우리가 주님께 가야 할 때가 되었을 때 이것이 우리가 준비해야 할 길이다.

바울이 에베소 사람들을 주님의 가치 있는 길을 가도록 독려한 방법은 겸손, 관대 그리고 사랑을 가지고 다른 이들에게 오래 참음과 인내를 보여 주는 것이었다. 크리스천들은 땅 위의 어떤 왕권보다도 뛰어난 위엄과 거룩함을 보여 주어야 한다. 우리는 만왕의 왕의 자녀들이다. 우리는 진정 거룩한 영의 사람에게서 항상 이러한 특성들을 발견하게 될 것이다. 자신이 누구인지 아는 사람과 자신이 하나님의 의지대로 하고 있다는 것을 아는 사람들은 겸손하고, 관대하며, 오래 참고 또한 인내와 사랑을 보여 주는 강인함과 담대함을 갖게 될 것이다. 당신은 거룩한 영혼을 갖고 있으면서 참을성이 없는 사람을 본 적이 있는가?

바울은 그의 독자들이 화평의 매임으로 성령의 하나됨을 유지하기 위해 부지런하도록 명령했다. 교회에 대적하는 마귀의 주된 공격은 분열을 조장하는 것이기 때문에 더 많은 근면함이 요구되는 이유이다. 누군가를 새로운 지역으로 보냄과 같은 전략적인 이유로 교회를 나눌 필요가 있게 됐다. 그러나 이것은 언제나 화평의 매임으로 비전과 목적을 가지고 되어야 하는 것이다. 그러므로 우리는 마귀의 역사로서의 모든 다른 분열을 볼 수 있어야만 한다.

바울이 로마서 16:17에 "너희가 배운 교리에 역행하여 분열을 일으키고 공박하는 자들을 주의하고 그들에게서 떠나라."(킹제임스 버전)라고 쓰고 있는 이유이다. 교회에서 분열을 일으키는 자들은 주님이 그들을 보냈다고 강력히 주장하고 스스로 그렇게 믿는다. 그러나 우리가 그들에 대해 경계해야 할 것이 있다면 그들이 바로 주의해야 할 마귀의 통로인 것이다.

마귀는 하나됨이 권위의 증식을 가져온다는 것을 대부분의 크리스천보다 더 잘 이해하고 있다. 우리가 신명기 32:30에서 보는 것처럼 한 사람이 천을 쫓으며 두 사람이 만 명과 싸울 것이다. 주님은 마태복음 18:19에서 "…너희 중에 두 사람이 땅에서 합심하여 무엇이든지 구하면 하늘에 계신 내 아버지께서 저희를 위하여 이루게 하시리라." 말씀하셨다. 여기서 "합심"으로 번역된 말은 단지 어떤 일에 이지적으로 함께 찬성하는 것보다 더 강한 뜻이 있다. 그것은 하나됨의 굉장한 잠재적인 힘을 나타낸다. 우리가 이것을 이해한다면 우리는 성령의 하나됨을 간직하기 위해 어떻게 부지런하지 않을 수 있겠는가?

창세기 11:6에 주님의 놀라운 말씀이 있다.

"여호와께서 가라사대 이 무리가 한 족속이요 언어도 하나이므로 이 같이 시작하였으니 이후로는 그 경영하는 일을 금지할 수 없으리로다." 하나된 크리스천은 상상할 수 없는 힘을 일으킨다. 이것이 바벨탑을 쌓던 사람들에 대해 했던 말씀이라면 성화되어 하나님의 의지를 행하는 사람들은 어떠할까?

주님은 큰 일을 하시기 전에 그분이 함께 일할 사람들의 하나됨을 찾으셨다. 우리는 사도행전과 성경의 역사를 통해 이것을 알 수 있다. 그들이 하나라면 사람들이 많아야 할 필요는 없다. 프랜시스 프랜지팬은 "주 안에서 하나된 네 명이 집안 전체보다 낫다."라고 즐겨 말한다.

주님의 일을 하는 사람은 항상 하나됨을 추구하고 분열과 싸워야 한다. 주님이 십자가에 못 박히시기 전날 밤에 하나님의 마음을 나타내는 위대한 기도에서 주님은 그의 백성의 하나됨을 위해 계속해서 기도하셨다(요한복음 17). 주님의 마음을 가진 사람들은 동일한 신앙심을 가지게 될 것이다. 우리가 그리스도 안에서 우리의 고귀한 소명을 성취하기 위해 일어날 때 하나됨은 빠질 수 없는 것이다.

# 24장 — 하나됨

이번 장에서는 이전 장에서 토론을 시작한 하나님의 일을 함에 있어 가장 중요한 하나됨에 대한 간단하지만 가장 본질적인 진리를 공부할 것이다.

하나됨은 하나님의 일을 하도록 보내진 이들의 기본적인 신성한 품성이다. 우주는 심오하고 거룩한 조화 속에 하나로 맞추어지도록 창조되었다. 하나님이 하신 것은 모든 것에 대한 조화와 균형이었다. 하나님의 창조는 언제나 하나됨에서 오고 하나됨으로부터 진행된다. 골로새서 1:16-17에서와 같이 그가 하신 모든 하나됨의 원천은 성자이시다.

> 만물이 그에게 창조 되되
> 하늘과 땅에 서 보이는 것들과
> 보이지 않는 것들과 혹은 보좌들이나

바울은 에베소서 4:4-6에 그것에 대하여 정성을 들여서 이야기 했다.

몸이 하나요 성령이 하나이니 이와 같이
너희가 부르심의 한 소망 안에서 부르심을 입었느니라
주도 하나이요 믿음도 하나이요 세례도 하나이요
하나님도 하나이시니 곧 만유의 아버지시라
만유 위에 계시고 만유를 통일하시고 만유 가운데 계시도다

주관들이나 정사들이나 권세들이나 만물이
다 그로 말미암고 그를 위하여 창조되었고
또한 그가 만물보다 먼저 계시고
만물이 그 안에 함께 섰느니라

모든 것은 예수님을 통하여 그리고 그분을 위하여 만들어졌다. 하나님 아버지는 창조되어진 모든 것 안에서 아들과의 닮은 점을 찾으셨다. 에베소서 1:9-10에서와 같이 예수님 안에는 하나님 뜻의 비밀과 창조된 모든 것들의 궁극적 목표가 다 있다. 그러므로 우리 삶의 최후 목표는 그분 안에 거하며 그분 안에서 발견되는 것이다. 이것으로 우리는 주님은 모든 피조물을 능가하는 하나됨의 원천이신 것을 알 수 있다.

분열과 불화의 붕괴를 가져오는 것은 마귀이다. 그러므로 성령의 일과 마귀의 일을 구분하는 것은 쉽다. 성령의 일은 하나됨과 조화를 향해

나아가고 마귀의 일은 분열을 향해 간다. 마찬가지로 우리는 생활 속에서 하나님의 일과 마귀의 계획을 구별할 수 있다. 하나됨과 조화와 평화는 어디에 있나? 하나님은 언제나 조화와 화평 쪽으로 우리를 이끄시고 대부분의 마귀의 기본 전략은 분열을 조장한다. 우리는 이것에 대한 것을 유다서에서 볼 수 있다. 유다는 마지막 때에 올 "흠 잡는 자"나 "조롱하는 자"에 대해 경고했다. "이 사람들은 당을 짓는 자며 육에 속한 자며 성령은 없는 자니라"(유다 19).

바울이 마태복음 10:34-36에 기술한 것처럼 가끔 하나님께서 분리의 검을 가져 오신다는 것을 우리는 깨달아야만 한다.

> 내가 세상에 화평을 주러 온 줄로 생각지 말라
> 화평이 아니요 검을 주러 왔노라
> 내가 온 것은 사람이 그 아비와, 딸이 어미와,
> 며느리가 시어미와 불화하게 하려 함이니
> 사람의 원수가 자기 집안 식구리라

최후의 화평은 진리에 대해 자신들을 높이려는 악한 진이나 견고한 성들을 부수는 것이 필요하기 때문에 주님이 궁극적인 하나됨을 이루시기 위해 가끔 일시적인 분열을 일으키시기도 하신다.

우리는 일의 결과를 봄으로 적들의 일을 구분할 수 있다. 중간 과정만을 본다면 속을 수도 있다. 원수들은 후에 더욱더 파괴적인 분열을 조장하기 위해 일시적인 화합을 이용하기도 한다. 마귀는 하나됨의 모양을 지닌 여러 연합을 가지고 있다. 그러나 우리는 항상 최종 목표가 그리스도인가 또는 어떤 것이 하나님에게로부터 온 것인지 아닌지를 식별할 수 있어야 한다. 그러면 우리는 궁극적인 목표를 향해 나아가는 과정을 통해 그분께 더 가까이 나아갈수 있을 것이다.

우리가 그리스도를 닮아가는 목표를 향해 간다면, 항상 더 많은 하나 됨, 조화, 그리고 마음의 화평을 볼 수 있을 것이다. 주님과의 하나됨은 그분을 섬기지 않는 자들과의 불일치를 만들어낼 것이다. 그러나 그분과 함께 있는 것보다 더 큰 조화와 화평은 없다. 우리가 그분 안에 거한다면 우리는 또한 하나됨과 조화와 화평의 씨를 어디든지 심을 수 있다. 야고보서 3:17-18과 같이 우리는 위에서 오는 지혜를 알 수 있다.

> 오직 위로부터 난 지혜는 첫째 성결하고
> 다음에 화평하고 관용하고 양순하며 긍휼과 선한 열매가
> 가득하고 편벽과 거짓이 없나니
> 화평케 하는 자들은 화평으로 심어 의의 열매를 거두느니라

이것을 위해 우리는 고린도전서 1:10의 훈계를 조심하자. "형제들아 내가 우리 주 예수 그리스도의 이름으로 너희를 권하노니 다 같은 말을 하고 너희 가운데 분쟁이 없이 같은 마음과 같은 뜻으로 온전히 합하라." 이전 장에 서술한 것처럼 우리는 그들과 연합하지 않기 위해 "…분쟁을 일으키는 자들을 주의하라."(로마서 16:17, 킹제임스 버전)라는 말씀에 주의를 기울여야 한다. 하나됨 대신 분열을 일으키는 자들은 그리스도를 대적하는 자들이다.

# 25장     값없이 주신 선물

　이전 장에서 하나됨을 언급한 에베소서 4:4-6에 있는 중요한 진리를 보았다. 그 구절들은 우리가 단지 하나됨만을 위해 소명을 받은 것이 아니라 그리스도 안에서 하나되어야 한다고 했다. 우리가 그분 안에 거한다면, 어떻게 몸 자체가 나뉠 수 있어 또 다른 이와 하나됨을 만들 수 있을까?

　"각 사람"에게 그리스도의 선물이 분량대로 주어졌다. 우리는 그리스도의 몸의 지체이다. 그리고 우리 모두는 그 안에서 각각의 특정한 기능을 갖고 있다. 몸의 어느 부분이 오랫동안 작동하지 않는다면 그것은 점점 퇴화하게 될 것이다. 이것이 교회가 가장 포착하기 어려운 간단한 진리 중의 하나이다.

　여러 해 동안 나는 내가 설교했던 모든 큰 교회

> 이번 장 7절과 8절은 우리에게
> 진정한 교회 생활의 다른 중요한 요소들을 말씀해 주고 있다.
>
> 우리 각 사람에게 그리스도의 선물의 분량대로 은혜를 주셨으니
> 그러므로 이르기를 그가 올라가실 때에
> 사로잡힌 자를 사로잡고 사람들에게 선물을 주셨다 하였도다

와 모든 큰 집회에서 얼마나 많은 믿는 자들이 그리스도의 몸 안에서의 그들의 은사와 직분을 아는지 질문을 했다. 그 결과는 실제 내가 기대했던 것보다 훨씬 낮았다. 오직 5% 정도 만이 그리스도의 몸 안에서의 자신들의 은사와 직분을 알고 있다고 긍정적으로 대답했을 뿐이다. 그리고 그들의 절반 정도만이 실제의 은사를 활용하고 있었다. 당신의 몸에서 5%보다 적은 부분만이 작동하고 있다면 당신은 어떻게 될 것인가 생각해 보라! 이것이 바로 그리스도의 몸의 현재 상태이다.

이것은 또한 분명 교회의 나약함과 비효율성에 대한 한 이유이다. 문제는 점진적으로 변한 교회의 구조에 있다. 교회 구조가 지금은 거의 몇 사람만이 사역하고 나머지 사람들은 수동적으로 자리에 앉아 사역하는 사람들을 응원하는, 즉 관람석에 앉아 경기를 보는 스포츠처럼 되었기 때문이다. 신약의 교회생활은 실제로는 이보다 더 많은 의미를 갖고 있다. 이 세대가 가기 전에 그렇게 될 것이다. 주님은 은혜와 모든 위엄 그리고 가장 완전하게 발달된 몸의 힘을 가진 온전히 작동하는 몸을 갖게

되실 것이다. 우리는 하나님은 그분이 시작하신 것을 완성하시는 분이신 것을 알기 때문에 그것을 기대하고, 그것은 교회에 대한 그분의 분명한 목적이다.

그러면 우리는 우리가 있는 곳에서 어떻게 우리가 부름 받은 곳으로 갈 수 있을까? 이것에 대해 에베소서 4장의 나머지 부분에서 우리는 중요한 통찰력을 얻게 될 것이다. 그러나 이 구절들은 기초적인 깨달음일 뿐이다. 주님은 올라가셔서 사람들에게 선물을 주셨다. 이 선물을 주실 때 주님은 그분 자신까지도 주셨다. 이것이 그리스도의 선물의 분량대로 은혜가 각자에게 주어진 이유이다.

많은 사람들이 은사를 구할 것이 아니라 주시는 분을 구하여야 한다고 가르친다. 이것은 그럴 듯하고 현명한 것처럼 들리지만 실제 성경에 반하는 것이다. 고린도전서 12-14장은 우리는 영적인 은사들, 특히 가장 좋은 것을 열심으로 구하라고 권고한다. 그렇게 가르치는 선생들은 주님을 찾는 방법 중 하나가 그분의 은사를 보는 것이라는 것을 깨닫지 못하는 것이다. 은사는 주님의 것이다. 주님이 땅 위에 계실 때 모든 성령의 은사들을 보여 주셨다. 그분이 올라 가셨을 때 이 은사들은 실제로 주어지기 시작하였고, 그것들은 사람에게 주신 기본적인 그분의 성품이었다.

성령의 은사 안에서 자란다는 것은 우리가 실제로 그리스도 안에서 자라고, 그분 안에 거하고 그리고 그분처럼 되는 것이다. 모든 주님의 선물은 사랑의 선물이다. 그리고 우리가 이후에 보게 될 성령의 열매이다. 주님은 사람들을 사랑하고 그들이 고통 받는 것을 원치 않으시기 때문에 그들을 고치신다. 이 은사가 우리 안에서 자라기 시작할 때 우리는 주님의 사랑과 병든 자에 대한 그분의 긍휼하심과 하나가 되기 시작한다. 마찬가지로 우리가 예언의 은사 안에서 성숙할 때 우리는 그분의 눈으로 보고 그분의 귀로 듣고 그분의 마음으로 느끼기 시작한다. 우리가 기적의 은사 안에 자랄 때 그분의 능력과 하나되기 시작한다. 그분은 전능의 주시기 때문에 그분을 진정으로 알기 위해서는 그분의 능력을 알아야 한다. 우리가 우리를 통해 능력을 사용하시는 주님의 방법을 알 때 우리는 그분의 길을 깨닫기 시작하고 그분 안에서 성장하게 된다.

그래서 우리는 단지 은사를 위해서 구하는 것이 아니라 주님 바로 그분을 구하기 위해서 구하는 것이다. 이것은 또한 앞 장의 하나됨에 관한 구절들과 함께 적용되어지는 것이다. 이것은 그분의 모든 은사나 그분의 것 모두가 한 사람에게 주어지는 것이 아니기 때문이다. 그러므로 우리가 오직 함께 나아갈 때 주님이 우리 가운데 온전히 나타나신다. 이것은 고린도전서 1:4-7을 통해 알 수 있다.

> 그리스도 예수 안에서 너희에게 주신
> 하나님의 은혜를 인하여 내가 너희를 위하여
> 하나님께 항상 감사하노니
> 이는 너희가 그의 안에서 모든 일 곧 모든 구변과
> 모든 지식에 풍족하므로
> 그리스도의 증거가 너희 중에 견고케 되어
> 너희가 모든 은사에 부족함이 없이
> 우리 주 예수 그리스도의 나타나심을 기다림이라

그들 안에 "그리스도의 증거가 견고케 되어"라고 함은 그들이 "모든 은사에 부족함이 없다"는 것이다. 모든 은사가 몸에서 작동하고 있을 때 주님이 몸 안에서 온전히 움직이고 계신 것이다. 주님은 우리를 통해 하시고자 하는 모든 것을 하실 것이다. 이것이 주님이 모든 지역 교회를 통해서 하시고자 하는 것이다. 그러나 이것은 모든 지체들이 준비되어 하나되고 함께 움직일 때 이루어질 것이다. 어떻게 지금 우리가 있는 곳에서 우리가 있어야 할 곳으로 갈 수 있는가에 대한 것이 에베소서의 나머지 부분의 메시지이다. 다음 장은 이것에 중점을 둘 것이다.

## 26장 — 충만하라

　이번 장에서는 에베소서 4:9-10을 다룰 것이다. 이것은 지난 두 장에서 공부한 구절들의 메시지와 견고하게 연결되어 있다.

　예수님은 올라가셨고 모든 영광과 그의 신성의 광채로 그의 아버지 오른 편에 다시 앉아 계신다. 우리가 이 사실을 온전히 이해하려면 우리는 또한 왜 주님이 "땅 아래 곳으로" 내려오셨는가를 알아야 한다. 주님은 우리를 사랑하셨기 때문에 땅 위의 가장 멸시 받는 민족의 가장 멸시 받는 마을의 시골 뜨기가 되셨다. 이것이 피조물들이 영원히 알아야 할 가장 위대한 그분의 본성 중 하나이다. 이 한 가지 진리를 곰곰이 생각하는 것만으로도 수백 년 동안 우리의 주의를 끌만하지 않은가!

　인간의 언어로는 그분이 우리에게 보여 주신 하

이번 장에서는 에베소서 4:9-10을 다룰 것이다.

올라가셨다 하였은즉
땅 아래 곳으로 내리셨던 것이 아니면 무엇이냐
내리셨던 그가 곧 모든 하늘 위에 오르신 자니
이는 만물을 충만케 하려 하심이니라

나님의 성품을 적합하게 설명할 수가 없다. 지상에서 그분의 삶과 그분의 십자가를 실제로 본 사람들은 오직 한 가지 그분이 우리를 사랑하셨다는 것에 대하여 결코 의심하지 않는다. 우리가 그분 안에서 우리의 목적을 성취하여야 한다면 주님이 우리를 사랑하신다는 것은 우리 마음에 간직하여야 할 기본적인 깨달음이다. 그렇기 때문에 나는 수없이 반복하여 말한다. 우리는 하나님의 나라의 목적을 위해 모든 것을 하도록 부름받았다. 그분이 우리가 하도록 부르신 모든 것들은 실상 우리에겐 가장 좋은 것들이다. 그분이 우리의 아버지이시고 그분의 기본적인 성품은 사랑이시기 때문에 주님은 사랑하는 아버지로서 우리를 사랑하신다.

우리는 또한 주님이 이 땅으로 내려오셔서 인간이 되시고 우리 가운데서 사신 이유가 주님이 승리하시고 올라가셔서 모든 것을 채우기 위한 것임을 깨달아야 한다. 우리가 전에 다루었듯이 피조물에 대한 하나님의 궁극적인 목적은 모든 것이 그의 아들 안에서 통일되는 것이다(에베소서 1:10). 교회에 주어진 소명과 주님이 어떻게 교회를 구상하셨으며 교회가 무엇이 되어야 하는가에 대해 설명할 때 우리는 교회란 하나님이 그것을 통해 그분과 세상을 화합하시려는 중요한 바퀴라는 것을 항상 마음에 간직해야 한다.

그러므로 교회와 마찬가지로 우리의 성공은 하나님께로 돌아가 우리의 권위를 사람들과 얼마나 잘 화합하는가에 의해서 결정될 것이다. 주님은 다시 "만물을 충만케" 하기 위해 이 과정을 시작하는 교회를 사용하시기 원한다. 우리는 이웃을 그분으로 채우기 위해 우리 자신을 어떻게 사용하여야 하나? 우리 직업은? 우리 도시는? 우리 민족은? 이것이 바로 우리가 여기 있는 기본 목적이다.

물론, 이런 면에서 우리는 그분이 우리를 채우시도록 해야 할 것이다. 주님은 우리의 시간과 마음-우리의 양심-을 채우시는 방법을 쓰실 것이다. 주님은 우리 안에 사신다. 오늘 아침 우리는 그분의 임재를 느끼며 잠에서 일어났는가? 우리는 그분과 가까운 친분을 유지하고 있는가? 그렇지 않다면 우리는 속임수와 거짓 속에 있는 것이다. 우리는 보잘 것 없는 것이 주님에 대한 우리의 지각을 가리게 둔다. 그분이 실제로 우리 안에 살고 계신다면, 과연 무엇이 우리의 관심을 그분으로부터 빼앗을 수 있을까.

솔로몬은 하나님을 위해 지을 수 있는 가장 거룩한 성전을 지었다. 그러나 하나님이 성전을 채우셨을 때 그 누구도 성전 자체에 관심을 두지 않았다! 그들은 성전을 채우신 분에 의해 사로잡혔다. 성전에만 너무 많은 관심을 두고 하나님이 그 안에 계시지 않는다면 그것은 그저 건물일 뿐이다.

교회는 경이롭고 영광스러운 창조물이다. 그러나 교회를 짓는 우리의 목표는 하나님의 명백한 임재를 나타내기 위한 것이다. 우리는 하나님께 등록한 것이지 교회에 한 것이 아니다. 교회는 축복이다. 교회는 지산에서 가장 능력 있는 모임이 될 것이지만, 우리가 나타내도록 부르심을 받은 하늘의 실상에 대한 그림자일 뿐이다. 하늘의 가장 위대한 실체는 하나님의 임재이다.

우리의 생활 속에서 실질적으로 이러한 일이 어떻게 일어나는가? 우리가 해야 할 일이 있다. 우리는 우리의 몸을 위해 햄버거를 먹어야 하고 그러기 위해서 돈이 필요하다. 우리는 집, 차 그리고 이 현대 사회를 살아가는 데 있어야 하는 것들이 필요하다. 이 모든 것은 현실이고, 주님은 우리가 이런 것을 갖는 것을 반대하지 않으신다. 그러나 이 모든 것보다 그리스도가 덜 중요하고 덜 실제적이라면 우리 삶은 우상으로 채워진 것이다.

미지근한 것은 크리스천이 빠질 수 있는 최악의 상태이다. 라오디게아 교회가 미온적이 된 이유는 그들이 필요한 것을 다 가졌기 때문이었다. 물질은 실제로 우리를 우리의 궁극적 목적으로부터 흩어놓는 가장 큰 원인이 될 수 있다. 하나님은 그의 자녀들을 사랑하셔서 좋은 것을 주신다. 그리고 교회에 금식보다 더 많은 축제를 명하신다. 그러나 그 물질이 하나님에 의해 주어진 것이라 할지라도 물질을 우상화하는 것으로부터 마음을 지켜야 한다.

금욕주의가 우리의 우상 숭배에 대한 해결책은 아니다. 금욕주의는 쉽게 십자가를 대신하여 우리의 의를 재려는 척도가 되기도 한다. 주님은 필연적으로 우리가 할 수 있는 것보다 사람이나 어떤 것을 덜 사랑하는 것을 원치 않으신다. 주님은 단지 우리가 그분을 더 사랑하기를 원하신다. 주님은 당신께서 우리에게 모든 것을 주실 수 있는 것과 같이 우리가 주님을 사랑하기를 원하신다. 주님은 어떤 피조물보다 더욱더 크신 분이다. 그러므로 우리는 주님이 아닌 그분이 주신 것에 의해 마음이 요동하면 안 된다.

무엇보다도 하나님이 우리를 위해 십자가로 내려오셨기에 얻을 수 있었던 우리의 구원과 지금 하나님과 함께할 수 있는 교제보다 더 귀한 보물은 없다. 그러므로 매일 자발적으로 십자가로 나아가 의지적으로 우리 자신과 우리가 가진 모든 것을 드리자. 우리가 그분의 뜻을 따른다면 우리의 나날이 성공적이 될 것이라는 사실에 날마다 우리를 맡기자. 우리의 삶을 채우시는 분이 주님이실 때 주님은 우리를 통해 흘러넘치실 것이고, 다른 사람들에게 구원을 가져다 주실 것이고, 주님께서 그들을 또한 채우기 시작하실 것이다.

이것이 바울의 "나의 자녀들아 너희 속에 그리스도의 형상이 이루기까지 다시 너희를 위하여 대신하는 수고를 하노니"라는 갈라디아서 4:19의 말씀에서 가장 간단명료한 궁극적인 사도적 명령의 선언을 발견할 수 있는 이유이다. 사역이나 교회의 진정한 성공은 주님의 사람들 안에 있는 그리스도의 형상이 어떻게 생성되어 가는지에 달려있다. 우리 교회의 사람들은 그분을 닮아가는가? 이것이 항상 우리 성공의 최종 시금석이 될 것이다.

예수는 모든 것을 채우시기 위해 올라가셨다. 우리가 그분과 함께 올라감으로 주님이 우리의 삶을 채우기 시작하신다. 십자가는 하나님을 아는 것의 기초이다. 그러나 주님은 더 이상 십자가에 계시지 않으신다. 주님은 올라가셨고, 우리가 지금 그분과 함께 거한다면 그분의 보좌에 그분과 함께 앉아 있는 것이다. 지금 우리의 목표는 주님이 우리의 삶을 채우시는 것이다.

# 27장

준비하라

    여기서 우리는 주님이 그의 교회에 교회를 준비시키기 위해 다양한 직분을 주신 것을 볼 수 있다. 이 직분들은 팀으로 사역하도록 부르심을 받은 것이고, 그것은 1세기에 아름답게 증명되었다. 1세기 이후 이 팀 개념은 부식되었고 그것과 같이 교회의 영적 능력과 권위도 침식되었다.

    이것이 신약에서 목사의 직분이 언급된 유일한 곳이라는 것은 주목할만하다. 최근까지 목사의 직분이 거의 전적으로 교회의 직분을 지배해왔다. 이 논제를 끌어내는 나의 목적은 목사의 직분에 관심을 쏠리게 하려는 것이 아니다. 나는 일반적으로 오늘날 목사 직분이 목사 직분 그 자체보다 너무 많은 것으로 쓰여지고 있다고 생각한다. 그러므로 목사들은 목사의 자리가 주님이 교회를 갖추기 위

> 이번 장은 가장 자주 인용되는 구절이지만 어떤 사람들에게는
> 가장 논쟁의 여지가 있는 에베소서 4:11-13이다.
>
> 그가 혹은 사도로, 혹은 선지자로,
> 혹은 복음 전하는 자로, 혹은 목사와 교사로 주셨으니
> 이는 성도를 온전케 하며 봉사의 일을 하게 하며
> 그리스도의 몸을 세우려 하심이라
> 우리가 다 하나님의 아들을 믿는 것과 아는 일에 하나가 되어
> 온전한 사람을 이루어 그리스도의 장성한 분량이
> 충만한 데까지 이르리니

해 주신 팀의 직분들의 한 부분이라는 것을 깨닫기 전에는 하나님이 그들이 되도록 하신 것을 결코 이루지 못할 것이다.

많은 목사들이 그들의 직분을 교회를 위해 홀로 모든 준비를 하는 직분으로 만들려 노력한다. 이것은 그들이 소명 받고 기름부음 받은 것을 할 능력을 희석시킬 뿐 아니라, 다른 직분에서 일해야 하는 사람의 발전과 직무를 막는 것이다. 이것은 전체 교회의 효율을 상당히 감소시킨다. 팀의 한 부분이 아니고서는 직분이 존재할 수 없는 때가 머지않아 올 것이다.

지난 30년간 위에 열거한 오중 사역에 대한 필요를 인식하기 시작한 교회 지도자들의 목소리가 점점 커지고 있다. 많은 이들이 이제는 오중 사역 준비를 인식하고 있다. 또 어떤 이들은 그것을 약간 지나칠 정도로 수행하여 너무 손쉽게 이름을 부여하기도 한다. 그럼에도 불구하고 진보적인 교회는 교회에 주어진 오중 사역 준비를 인식하고 이행하는 방향으로 움직이고 있다. 분명히 그 직분들 없이는 우리가 부름 받은 모습의 교

회가 될 수 없다.

　많은 사람들이 성경이 쓰여진 이후 사도나 선지자가 필요없기 때문에 그들이 더 이상 존재하지 않는다고 믿는다. 그러나 성경은 이것을 분명히 반박하고 있다. "우리가 다 하나님의 아들을 믿는 것과 아는 일에 하나가 되어 …… 그리스도의 장성한 분량이 충만한 데까지" 교회의 모든 직분이 주어진다고 쓰여 있다. 역사상 어느 교회가 이것을 이루었는가? 나는 본적도 없고 이것에 거의 가깝다고 생각할 수 있는 교회에 대해 들은 적도 없다. 그러므로 분명히 이 모든 직분이 아직도 필요하다.

　이것은 진보적인 교회의 일원인 대부분의 사람에게는 이미 새 소식이 아니다. 그러나 우리가 물어보아야 할 중요한 질문이 있다. 목표에 더 가까이 가는 이 오중 사역 준비를 인정하고 받아들이는 교회가 있는가? 이 직분들을 인식하고 받아들이는 것이 시작이다. 그렇다면 교회들이 이것을 실제로 준비하고 있는가? 이런 직분들을 인식하는 교회에서조차도 실제적인 준비는 거의 일어나고 있지 않다는 것이 나의 견해이다. 교회 안에 그러한 직분으로 인정 받은 소수의 사람이 있고 그것을 준비하는 몇몇이 있을 뿐이다. 교회에서 효과적인 준비 사역이라 부를 수 있는 것이 전반적으로 아주 부족하다.

　이것은 이 시대의 중요한 논제이고, 우리가 교회로서 우리의 위임 명령을 성취하기 위해서 알아야만 하는 것이다. 그러므로 우리는 실질적인 답을 구하기 위해 다음 몇 장에서 이것을 다룰 것이다. 그러나 나아가기 전에, 먼저 교회의 이 근본적인 문제를 적절하게 설명하기 위해 우리가 이해해야 할 기본적인 생각들을 제안하는 것을 허락해 주기 바란다.

　첫째, 수행하도록 주어진 이 직분들은 우리를 하나님의 아들에 대한 지식에 이르도록 돕는 것들이다. 이것은 진정한 사도적인 위임 명령이고 모든 진정한 준비와 직분의 기초이다. 우리는 주어진 직분 안에서 성숙하기 위해 단지 직업이 아닌 예수 그리스도에 성장하는 것이다. 모든 진정한 신약의 직분은 그분 안에서 그분의 영광을 볼 때 우리에게 접목된다.

직분이란 그리스도를 닮아가면서 커져가는 열매이다. 우리는 그분을 바라봄으로 이것을 이룬다. 그러므로 모든 진정한 신약의 중심 메시지는 단지 교리도 아니고, 교회 정부나 조직체 같은 문제도 아니다. 교회의 효율성은 진정한 직분 안에서 그분을 보고, 모든 것에서 그리스도가 구심점이 되는 것에 붙들림 받는 것이다. 조금 더 깊이 이것에 대해 공부할 것이다.

## 28장            소명을 알라

    이 공부에 대한 우리의 목표는 우리의 최종 목적을 이루기 위해 이 시대의 중요한 영적 문제와 건전한 성경적 진리에 우리의 뿌리를 조직적으로 더 깊이 내리기 위한 것이다.

    여기에 교회의 궁극적인 목적을 위해 준비하여야 할 직분들이 열거되어 있다. 이 직분들은 "그리스도의 장성한 분량이 충만한" 것을 이뤄야 한다. 이것이 우리의 최종적인 목표이고 직분을 가지고 행해야 할 모든 것에 동기를 주는 중심 대상이다. 이 단순한 목적으로부터 빗나가는 것은 우리의 소명으로부터 우리를 벗어나게 하는 것이다. 주 예수 그리스도를 알고 그분 안에 거주하기까지 성장하는 것이 우리의 목표이다.

    이제 우리는 첫 번째 목록인 사도로 시작한 이

> 그러므로 이전 장에서 공부한 에베소서 4:11-13을
> 조금 더 깊이 탐구해 보자.
>
> 그가 혹은 사도로, 혹은 선지자로, 혹은 복음 전하는 자로,
> 혹은 목사와 교사로 주셨으니
> 이는 성도를 온전케 하며 봉사의 일을 하게 하며
> 그리스도의 몸을 세우려 하심이라
> 우리가 다 하나님의 아들을 믿는 것과 아는 일에 하나가 되어
> 온전한 사람을 이루어 그리스도의 장성한 분량이
> 충만한 데까지 이르리니

목적을 위해 교회에 주어진 직분들의 각각에 대해 짧게 설명할 것이다. 히브리서 3:1은 "그러므로 함께 하늘의 부르심을 입은 거룩한 형제들아 우리의 믿는 도리의 사도시며 대제사장이신 예수를 깊이 생각하라." 라고 쓰여 있다. 예수는 선지자였고 복음 전하는 자였고 목자였고 그리고 교사였고 또한 사도셨다. 우리의 직분에서 성장할 때 우리는 실제로 그분의 모습으로 성장하게 된다.

사도적 직분은 그 자체가 원래 다른 모든 직분의 혼합체이다. 예를 들면 우리는 성경에서 최초의 사도들인 베드로, 요한, 그리고 바울이 모두 위대한 교사였고 목사였고 예언자였고 복음 전하는 자의 일을 했던 것을 안다. 그러나 이것이 이 모든 일을 할 수 있는 사람이 사도라는 것을 의미하는 것은 아니다. 사도적인 직분은 단지 기능 이상의 것이기 때문이다. 그것은 위임 사항이다.

오중 사역의 하나로 실제 부름을 받지 않은 자도 어떤 경우 가르칠 수도 있고 다른 이들을 이끌 수도 있고 예언할 수도 혹은 사람들을 주께 인

도할 수도 있다. 오중 사역 준비자가 되는 것은 위임이 필요하다. 사도적 직분은 주님으로부터 개인적 위임을 받아야 한다. 이것은 단지 감동이나 예언적인 말로 되는 것이 아니다. 사도 바울이 사도행전 9:27에 말했듯이 그의 사도적 직분을 입증하기 위해 그가 설명했던 첫 번째는 "주님을 보았다"는 것이다. 여기서 그는 단지 꿈이나 환상 이상의 것임을 분명히 말하고 있다.

왜 사도는 주님을 보아야만 하는가? 사도들은 주님의 성전, 즉 교회의 훌륭한 건축자이다. 성막을 짓기 전 성막의 모델을 보기 위해 산으로 올라 갔었던, 하나님의 거하실 곳을 처음 지은 모세처럼 사도는 그가 지을 것에 대한 분명한 비전이 있어야 한다. 교회의 모델은 예수 바로 그분이시다. 진정한 사도적 권위에 대한 본질적인 이해와 결단으로 그분의 영광과 위엄을 보아야 한다.

사도가 하여야 할 수고에 대하여는 갈라디아서 4:19에 집약되어 있다. "나의 자녀들아 너희 속에 그리스도의 형상이 이루기까지 다시 너희를 위하여 해산하는 수고를 하노니…." 사도적 직분에 대한 일반적인 정의는 사도적이라는 것보다 실제로 더 행정적인 은사가 무엇인가에 중점을 두고 있다. 조직체로 교회를 보강하는 능력 혹은 교회 행정을 가르치는 것이, 여기 열거한 오중 사역 중 하나도 갖고 있지 않은 사람들에 의해 이뤄지고 있다. 유능한 다양성을 지닌 세상의 경영자도 그것을 할 수는 있다. 그러나 진정한 사도적 기름부음은 주님께 가까이 가서 그를 보고, 교회를 그의 형상으로 만들어가는 것이지 교회를 단지 조직으로 성장하도록 하는 것이 아니다.

건축하는 권위를 갖는 것 외에, 찢고 부수는 것, 잘못된 설교, 이단, 그리고 배교와 같은 사도적 직분과 관계된 다른 문제들이 있다. 오늘날 교리에 대한 아주 많은 혼란과 논쟁이 있는 이유는 교회에 진정한 사도적 권위가 없기 때문이다. 이 직분이 온전히 회복될 때 교회가 위로부터 오는 지혜로 비난이나 분쟁의 큰 문제와 맞설 수 있는 권위를 갖게 될 것이다. 그러한 권위는 단지 이름에서 오는 것이 아니라, 인간의 지혜로는 논박할 수 없는 본질과 기름부음에서 온다.

잠언 24:3-4은 "집은 지혜로 말미암아 건축되고 명철로 말미암아 견고히 되며 또 방들은 지식으로 말미암아 각종 귀하고 아름다운 보배로 채우게 되느니라"라고 한다. 실제로 집을 짓는 것은 지혜이다. 지식은 군중들을 끌어올 것이다. 그러나 우리는 집을 짓기 전에 군중들을 끌어오려고 한다. 이렇게 하면 우리는 진정한 교회를 갖지 못하고 모인 군중들만 보게 된다. 진정한 사도적 권위가 회복되면 이러한 것들에 변화가 있을 것이다. 근본적으로 그들은 단지 지식이 아닌 지혜를 가지고 올 것이다. 그러므로 많은 사람들의 주의를 끄는 것 말고 주님이 거하시기 원하시는 것을 짓게 될 것이다.

성경적인 사도들에게는 담대하게 개척하는 사도의 기본적인 특성들이 있다. 이것은 더 멀리, 높이 그리고 깊게 나가기 위한 추진력이고 다른 이들로 하여금 함께 하도록 만드는 힘이다. 세상에서 주님께 가까이 가고자 하는 사람에게는 강한 영향력을 발견할 수 있다. 이것은 사도적 직분의 뛰어난 추진력이다. 이것을 간단히 지도력으로 구분할 수 있다. 그러나 이 지도력은 단지 방향만을 지적해 주는 것이 아니라 실제로 끌고 나아가는 것이다.

사도적인 직분이 나타날 때 교회는, 교회가 가도록 소명 받은 모든 것보다 더 많은 것을 하게 될 것이다. 이것은 승인된 본질의 사람들을 위해 예비된 특별한 기름부음 만으로 이뤄지는 파악하기 어려운 것이다. 그러나 이 직분은 다른 준비 직분들과의 혼합체이기 때문에 잃어버린 자의 손을 잡는 것뿐 아니라 가르치는 것, 상담하는 것, 비전과 방향을 제시하는 것 등에 실질적으로 쓰이게 될 것이다.

지금 교회가 사도적인 지도력이 필요하다는 것에는 질문할 여지가 없다. 그러나 이것은 값싼 대용품으로 해결할 수 없다. 진짜를 원한다면 기다려야만 한다. 사도는 하룻밤에 만들어지는 것이 아니다. 사도 바울도 이 직분에 위임되기 수 년 전 사도로 부름을 받았다. 그도 성숙하여 경험을 얻기까지는 미숙한 사도였다. 오늘날 교회가 피상적으로 되어버린 중요한 원인 중 하나는 우리가 따르고자 하는 사람들이 피상적으로 밖에 보여 주지 못하기 때문이다.

주님이 요한계시록에서 에베소 교회에 스스로를 사도라 부르나 사도가 아닌 사람들을 분별하도록 명령한 것 같이 이것은 아주 중요한 문제이기 때문에 간과할 수 없는 것이다. 우리는 믿을만한 사도적 직분을 갖은 사람을 인식하지 못하므로 하나님의 방문의 시간을 놓치는 실수를 범할 수 있고, 혹은 그 직분을 실제 갖고 있지 않으면서 갖고 있다고 주장하는 사람들을 너무 쉽게 받아들이는 실수를 할 수 있다. 인생의 길 양편에는 도랑이 있다는 것을 기억하라. 그러나 여러분이 길 위로 올라올 때 풍성한 삶을 발견하게 될 것이다.

# 29장

## 선지자

　앞 장에서 에베소서 4장에 열거한 오중 사역의 준비에 관한 공부를 시작하기 위해 사도적 직분에 대해 간략하게나마 알아보았다. 이번 장에서 우리는 그 다음으로 언급된 선지자 직분에 대해 알아볼 것이다. 물론 이 책과 같은 짧은 구성 방식에선 최선을 다하여도 어쩔 수없이 한계가 있을 수밖에 없다. 그러므로 이 직분들의 각 중요한 부분만을 다루고자 한다.

　사도에 대해 논의할 때 사도적 직분의 모든 기능을 실행할 수 있다는 것이지 그것으로 우리가 사도가 되는 것이 아님을 밝힌다. 마찬가지로 누군가가 예언하도록 쓰임을 받을 수는 있지만 그렇다고 그들이 모두 예언자가 될 필요는 없다. 사실 바울도 "너희는 모두 한 사람씩 예언할 수 있나니"(고린도전서 14:31)라고 하고 있다. 사도행전 2:17을 보자.

> 하나님이 가라사대
> 말세에 내가 내 영으로 모든 육체에게
> 부어 주리니 너희의 자녀들은 예언할 것이요
> 너희의 젊은이 들은 환상을 보고
> 너희의 늙은이 들은 꿈을 꾸리라

여기서 우리는 주님이 성령을 부으셨을 때 모든 사람-젊은이 늙은이 남자 여자-가 예언하는 것을 본다. 그러므로 단지 예언적 계시를 갖는 것으로 누군가가 예언자가 되는 것은 아니다.

그렇다면 무엇으로 예언자가 되는가? 다시 말하자면, 에베소서 4장에 열거한 이 직분들은 사람이 위임 받아야만 하는 과업이다. 그러나 소명을 받은 것과 직분을 위임 받는 것은 다르다. 바울은 사도 직분을 위임 받기 수 년 전에 사도로 부름을 받았다

그렇다면 위임 받았을 때를 어떻게 알 수 있을까? 자신이 위임 받았는지를 질문한다면 그것은 아직 위임 받지 못한 것이다. 여러분이 주님으로부터 어떤 직분을 위임을 받았다면 곧 그것을 알게 될 것이다. 성경에 주님의 직분자들을 위임하는 많은 다른 여러 방법들이 있다. 모든 직분자들은 그것이 이루어진 것을 의심하지 않는다. 그렇다면, 우리가 아직 위임 받지 않았을 때와 달리 우리를 변화시키는 위임은 무엇인가?

소명과 위임 사이의 시간 차이는 직분의 준비 기간이다. 우리는 위임 받은 직분으로 해야 할 것들을 준비해야 한다. 사역에 대한 준비를 위해 받은 영적 은사들을 특별히 성장시켜야 할 때이다. 그러나 위임 명령이 왔을 때 위임 명령과 함께 커진 권위와 기름부음이 있을 것이다. 위임은

주님이 인정하시고 우리의 직분을 뒷받침 해주시겠다는 주님의 특별한 보증이다.

세상에서 우리가 어떤 이의 권위에 복종하는 것은 그의 지위를 알기 때문이다. 당신이 군대에 있고 누군가 대장의 위치에 있다면 그들은 계급으로 연결되어 있다. 군인들은 계급의 권위에 복종하지 않을 수 없다. 그리고 더 높은 계급의 사람들은 더 낮은 계급의 사람들이 자신들에게 복종하기를 기대한다. 이것은 누가 더 총명한지, 누가 더 수완이 좋은지 혹은 누가 더 나은 지도자인지와는 무관하다. 그러나 교회는 다르다. 우리는 성령의 인도하심을 구함으로 누군가의 삶에 주어진 기름부음과 위임을 인식하여야 한다. 오직 진정으로 영적인 사람만이 이것을 깨달을 수 있다. 마지막 날에 교회를 부름 받은 모습으로 만들기 위하여 우리는 영적인 사람으로 성숙하여야만 한다.

다른 준비된 사역을 구별하기 위하여 선지자들은 무엇을 하는가? 선지자들은 전략적인 단계에서 주님으로부터 듣기 위해 부름 받았다. 이것은 가르치거나 교리를 세우는 것으로 하는 것이 아니다. 어떤 일에 대한 주님의 뜻을 나타내는 것이다. 이것은 주님이 말씀하시기 원하시는 개인, 교회, 전 세계의 교회, 혹은 정부, 기업, 혹은 다른 실체들에 대한 것일 수 있다.

성경에 보면 선지자들이 주님으로부터 계시를 받는 방법들은 선지자에 따라 다양하게 다르다. 감동, 꿈, 비전, 주님의 말씀, 천사의 방문, 혹은 성령 안에 붙잡힘 받는 것, 그리고 주님 전에 서는 것 등이 있다. 그래서 선지자의 직분은 특별히 흥미롭다. 주님은 메시지를 전달할 뿐 아니라 주님의 마음과 방법을 계시하시면서 말씀하시기도 한다. 이런 이유로 계시가 내려오는 방법이나 특정한 선지자에게 오는 계시가 메시지의 중요한 부분이 될 수 있다.

우리는 또한 "부분적으로 예언한다"는 것을 들었다. 이것은 우리의 계시가 얼마나 극적으로 왔는가와는 상관없이 그것은 전체 그림의 부분이라는 것이다. 그러므로 완전한 그림을 만들기 위해 우리는 다른 이들이 본 것과 같이 우리의 그림을 맞추는 것을 배워야 한다. 이것은 예언자의 직분이 항상 복수로 언급되는 이유이다.

마태복음 23:34에서 주님은 "그러므로 내가 너희에게 선지자들과 지혜 있는 자들과 서기관들을 보내매…"라고 말씀하시고 계신다. 명료함을 위하여 우리는 주님이 우리에게 보내시기로 약속하신 이 세 가지의 특별한 사자들 사이의 차이를 알 필요가 있다. 1) 선지자들 2) 지혜 있는 자들 3) 서기관들. 선지자들에게는 주님이 주시는 말씀과 계시가 있다. 현명한 사람들은 사도적 사역과 관계를 만들어가는 지혜를 가지고 있다. 서기관들은 기록하는 사람들이다. 이들 각자에게는 다른 기능과 권위가 있다.

증권 시장이 흔들리는 요즘 영적 권위에 대한 좋은 예가 하나 있다. 나는 대통령이 경제가 얼마나 괜찮은가에 대해 연설함으로 사람들을 안심시키고 안정시키려 하는 것을 흥미롭게 보았다. 그러나 증권 시장은 더 악화되었다. 그때 연방준비위원회의 우두머리인 알란 그린스펀이 그 다음 날 기본적으로는 대통령과 같은 연설을 했다. 그러나 그것은 즉시 증권 거래에 긍정적인 효과로 나타났다. 분명히 대통령은 그의 지위로 보아 연방준비위원회의 머리보다 더 높은 권위를 가지고 있었다. 그러나 경제와 관련하여 더 많은 권위를 갖고 있는 것은 아니었다. 양쪽 모두 정신적인 문제인 두려움을 설명하고자 했으나 알란 그린스펀은 사업가들이 존경하는 신뢰로 오랜 이력을 쌓아 왔다. 그는 이 분야에서 지혜 있는 사람이었다. 대통령은 경제와 관련하여 아직 그런 종류의 이력을 쌓지 못했다. 대통령이 더 높은 지위를 가지고 있음에도 그린스펀은 어떤 면에서는 대통령이 가지고 있는 것보다 더 큰 정신적 권위를 가지고 있었다.

어떤 사람이 자신의 메시지가 하나님으로부터 왔다는 것을 믿게 하기 위해 그 스스로 하나님으로부터 들었다는 신뢰성을 만들 수 있을까? 이것은 지혜 있는 자가 그의 지혜를 가진 것과는 다른 권위이다. 하나님으로부터 분명하게 듣는 현재까지의 업적으로부터 오는 예언적 권위는 분명 단지 지혜를 소유한 것을 뛰어넘는다. 이런 종류의 영적인 권위는 그것이 극적이고 초자연적인 현시로 온 것이 아니라면 하룻밤에 이루어지는 것이 아니다. 우리는 성경에서 두 가지 방법으로 권위를 얻는 선지자들을 본다. 어떤 이들에게는 주님이 고귀한 초자연적인 능력을 주셨다. 또 다른 이들은 그들의 말이 어느 것도 땅에 떨어지지 않는다. 대체적으로 예언적 권위는 두 가지가 합쳐진 것이다.

그러나 우리는 예언적 권위와 '지혜 있는 자'의 권위를 구분할 필요가 있다. 선지자들은 단지 좋은 충고할 것을 가지고 온 것이 아니라 하나님으로부터 온 메시지를 전하기 위해 온 사람들이다. 단지 우리가 사도적 직분을 가지고 논의할 때와 마찬가지로 우리는 값싼 대용품으로 대신하는 것을 원치 않는다.

사도행전 2:17에서 말하기를 주님이 그의 영을 부으시는 때, '말세에' 그 결과 예언하고, 꿈 꾸고, 환상을 보고, "위로 하늘에서는 기사와 아래로 땅에서는 징조"들이 있을 것이라 했다. 우리는 예언적인 은사들과 영혼의 현시들이 늘어나는 시대에 살고 있다. 사도행전 2:17에 말한 것처럼 이것은 늙은이나 젊은이, 남자나 여자, 모두에게 일어난다. 성령이 부어질 때 더 중요한 것은 예언적 계시를 받은 사람들로부터 오는 선지자의 직책을 구분하는 것이다. 궁극적으로는 모두가 예언자가 될 것이다.

예언자의 직책은 받은 계시의 경중에 의한 것이 아니라, 하나님으로부터 온 위임으로 이루어진다. 이것과 에베소서 4장에 열거된 모든 다른 직분들의 기본적인 기능들 중 하나는 성도를 준비시키는 것이다. 선지자는 예언적 수준에서 하나님으로부터 듣는 것뿐 아니라 그가 사역하는 사람들이 하나님의 목소리를 알고 그분으로부터 들을 수 있도록 준비시켜야만 한다.

이 책에서 말한 것보다 이 직분에 대해서 더욱 많은 이야기들이 있다. 기독교 서점에서 살 수 있는 모닝스타의 특수 사역에 대한 많은 예언적 직분과 은사들에 대한 책들과 가르치는 테이프가 있다.

이 자료들은 1-800-542-0278로 전화를 하거나 웹사이트 www.morningstarministries.org 를 통해 구입할 수 있다.

# 30장 복음 전하는 자

　에베소서 4:11에 열거한 오중 사역 준비에 대한 공부를 계속하기 위해 우리는 이번 장에서 복음 전하는 자의 직분에 대해 간단히 알아보려고 한다.
　신약에는 사도로 언급된 사람이 약 20명 정도가 있다. 그러나 선지자로 언급된 사람은 몇 명 뿐이고, 복음 전하는 자로 부름 받은 사람은 오직 한 사람 빌립뿐이다(사도행전 21:8). 디모데는 바울로부터 "전도인의 일을 하라."(디모데후서 4:5)고 명령을 받았다. 그러나 빌립은 복음을 전하는 자로 불리지 않았다. 목사 다음으로 신약 성경에 복음 전하는 자의 실제적인 예들이 없는 것은 흥미로운 것이다. 초대 교회에서 복음 전하는 자의 예는 분명하지는 않지만 직분들 중에 두 번째로 중요하게 인식되어 있다.

이 구절에 있는 "복음 전하는 자"를 희랍어로 번역하면 euaggelistes 이다. 문자적 의미는 '선한 메신저' 혹은 '선한 것의 전달자' 혹은 '복음'이다. 처음부터 이것은 복음을 설교하는 사람을 언급하는 것에 사용되었다.

이런 의미로 보면 사도들 역시 복음 전하는 자들이다. 그러나 이것은 그들의 많은 의무 중 하나일 뿐이다. 구원받지 못한 자들에게 구원의 기회를 가져다 주는 복음을 설교하는 것이 사역인 사람들이 있다. 예루살렘에서 스데반과 같이 일곱 집사 중 하나로 임명되었던 빌립은 신약에서 복음 전하는 자의 직분이 주어진 유일한 사람이다. 사도행전 8장에서 보면 빌립의 직분은 혼자 일하며 사람들을 구원으로 이끄는 것이다. 빌립은 교회에서 구원받은 사람들을 세우기 위해 자신의 뒤를 받쳐 줄 사도가 필요했다. 빌립이 전 도시를 휘저어 놀랄만한 놀라운 이적과 기사를 행하였다 해도 이 경우 사람들이 성령으로 세례 받도록 기도하는 것은 사도들이다.

우리는 빌립이 전 도시의 부흥의 절정에서 곧바로 사막에 있는 한 사람에게 복음을 전하도록 인도함 받는 것을 본다. 이것은 하나님이 다른 이에게 주신 직분, 예를 들면 사도와 같은 직분에 순종하는 것과 마찬가지로 성령에 대한 민감함과 복종이 요구된다. 빌립은 그의 일에 대한 소유욕이 강하지 않았고 그 자신의 한계를 알고 있었다.

오늘날의 남부 침례교인들은 이 사역을 인지하고 있는 것 같다. 그리고 그들은 다른 어느 그리스도의 지체들보다 복음 전하는 직분을 더 잘 사용하고 있는 것 같다. 침례교인들 사이에 이 기름부음이 부어졌을 때 그들은 그것에 매우 높은 가치를 두고 선교운동과 다른 확장운동을 뒷받침하여 이 은사를 가진 사람들을 격려하고자 할 것이다. 빌리 그래함과 같이 위대한 사람들도 그들의 수고함으로 한 도시의 마음을 움직이기 위해서는 그리스도의 몸인 지체들의 협력을 구한다. 그러므로 우리 시대의 가장 효과적인 복음 전하는 자들이 남부 침례교도 가운데서 나온다는 것은 놀랄 일이 아니다.

바울이 디모데를 "전도인의 일을 하라"고 가르쳤기 때문에 많은 이들이 이것을 모두가 복음 전하도록 부름을 받았다는 의미로 받아들였다. 분명히 우리는 우리 안에 있는 소망을 나눌 준비가 되어 있어야 한다. 구원 받은 자들의 95% 이상이 친구나 친척의 증거를 통해서라는 것은 주목할만한 것이다. 이것은 5%보다 적은 수가 전도운동, 기독교 텔레비전, 라디오 방송 그리고 모든 다른 형태들을 묶은 증거들을 통해 구원으로 나아온다는 것이다. 이것은 우리에게 복음 전하는 자의 직분에 대한 중요한 점을 보여 준다. 복음 전하는 자의 기초적인 책임감은 에베소서 4:11에 열거한 모든 이러한 직분들과 마찬가지로 그 직분을 감당할 성도들을 준비하는 것이다.

복음 전하는 자의 특별한 기능은 잃어버린 세상에 사랑을 전해 주고 잃어버린 자들의 마음을 움직이기 위한 열정을 갖는 것이다. 그리스도께 나아온 95%가 각 개인의 믿는 자들의 증거로 이루어졌다는 사실은 그것이 실제인 방법으로 오늘날 교회에서 복음 전하는 자들의 성공에 대한 증거가 되었다.

그러나 우리가 정확한 비율을 가지고 있음에도 불구하고 새로 회심하는 숫자가 미국과 서방 국가를 제외한 거의 지구상의 모든 곳에서 놀랍도록 증가하고 있다는 것이다. 이것은 교회가 성경적인 도덕성, 정직, 그리고 건전한 교리에 대한 뜨거운 헌신을 경험하는 중요한 장소이기 때문이다. 복음주의의 대다수는 서로 상관이 있기 때문에 효과적인 복음주의의 가장 중요한 요소 중 하나는 고무적인 교회이다. 부도덕, 불순 그리고 건전한 교리로부터의 이탈이 침투하기 시작할 때 빛은 어두워지기 시작하고 교회의 증거가 중지된다.

고린도후서 13:5에 "너희가 믿음에 있는가 너희 자신을 시험하고 너희 자신을 확증하라"고 열심히 권면하는 것을 볼 수 있다. 우리가 이것을 할 수 있는 한 가지 방법은 잃어버린 자들을 찾는 것이다. 우리가 얼마나 성숙한지와는 상관 없이 어둠에 있는 사람들에게 자유를 주려 하지 않는 한, 빛 속을 걷는다고 할 수 없다. 이것은 성경에서나 역사적으로나 빛 속을 걷는 사람의 기본적인 성품이다. 우리는 잃어버린 자들을 찾아 영혼을 구하지 않는 것에 대해 어떤 변명이든 늘어놓을 수 있겠지만 우리는 무엇이 잘못되었는가를 찾아내기 위해 스스로를 시험해야 한다.

예배에서 가장 마지막에 하는 것 중 하나는 메시지가 무엇이든 상관 없이 직접적인 구원에 대한 간단한 요청을 하는 것이다. 그 결과 우리가 이 일을 행한 대부분의 사역 장소에서 많은 사람들, 혹은 적어도 단 한 사람이라도 회심자가 있었다는 것이다. 오순절 은사주의 교회에서 성령으로 세례 받은 사람들이 25%보다 적다는 연구 보고로 인해 우리는 이것을 시작했다. 또 다른 연구에 의하면 보수적 복음주의 교회의 대다수의 사람들이 거듭남의 체험이 없다는 것이다.

나의 친구가 한 도시의 가장 존경 받는 복음주의 교회에서 예배 마지막 시간에 짧은 구원의 메시지를 전했다. 그는 아주 적은 수의 사람들이 앞으로 나아 오리라 생각했는데 수백의 사람들이 거듭나기 위해 그들의 자리에서 쏟아져 나아오는 것을 보고 놀랐다. 그 교회 목사는 너무 창피해 하며 사람들 위에 비난을 쏟아 부으며 복음 전도자인 나의 친구를 책망했다. 그러나 이것은 그럴 것이 아니었다. 그들은 구원을 믿었고 그것을 원했기 때문에 그 교회에 있었던 것이었다. 그들 중 어떤 이들은 수년 동안 아주 성실히 이 교회에 참석했음에도 어느 누구도 어떻게 거듭나는가를 그들에게 말해 준 사람도 없었고, 구원의 기도로 그들을 인도한 사람도 없었다.

물론 구원에 너무 중점을 두어 이미 구원을 받은 양들을 먹이고 성숙하도록 돕는 것에 실패하는 교회도 많다. 그러나 그것은 과잉 반응일 수 있다. 교회에 참석하는 사람들 중 거듭나지 않았음에도 그들이 거듭났다고 생각하는 사람들이 많다. 그럼에도 위에서 지적한 목사는 교회의 모임은 믿는 자를 위한 것이지 안 믿는 자를 위한 것이 아니라고 강조한다. 믿는 자들을 복음주의 일을 하도록 적절히 준비시킨다면 우리 지체들의 각 가정이 구원의 등대가 될 것이다. 모든 가정 그룹과 기도 모임이 구원의 등대가 될 것이다. 그들은 직장에서, 쇼핑하는 가운데, 라이온스 클럽에서, 그리고 그 외의 곳곳에서 사람들을 구원으로 이끌 것이다.

이 직분자들처럼 우리는 매우 짧게 그들을 만질 수 있다. 나의 목표는 잠자고 있는 은사들을 흔들어 깨워놓는 것이다. 각 집회에서 한 사람만이라도 흔들어 깨워놓으면 그로 인해 더 많은 이들이 따라올 것이다. 그러므로 살면서 단 한 영혼이라고 구원으로 이끄는 것보다 더 중요한 것이 무엇이 있겠는가?

# 31장

## 목사

　에베소서 4:11에 열거한 오중 사역 준비에 대한 공부에서 이제 우리는 목사의 직분을 공부할 것이다. 신약에서 사도로 언급된 사람은 20명이 넘는데 복음 전달자로 명하여진 사람은 어떻게 오직 빌립 한 사람인가에 대해 논의했었다. 그러나 신약에서 목사로 불린 사람은 단 한 사람도 없다. 목사 직분이 거론된 곳은 오직 신약의 에베소서 4:11 한 구절이다. 이것은 우리에게 아주 중요한 의문을 갖게 한다. 신약에 단 한번의 정의도 예도 없이 한 번 열거된 이 직분이 어떻게 지금은 교회의 사역을 차지하게 되었는가?

　먼저, 우리는 이것이 잘못 되었다, 혹은 적어도 전적으로 잘못 되었다고 즉시 결론을 내릴 수는 없다. 신약에 이 직분에 대한 충분한 예가 없어도 우리 모두가 이 직분을 감당하고 있는 것처럼 우리는 주님 안에서 암시적인 예를 볼 수 있다. 양 떼를 인도하고 보호하는 것이 주님이 그의 양 떼를 치시는 방법이고 이 직분을 준 자들을 통해 기본적으로 하시는 일이다.

희랍어로 '목사'를 번역하면 poimen인데 이것은 '목자, 소 떼나 양 떼를 돌보는 사람'으로 정의된다. 목자는 단지 가축들을 먹이는 사람이 아니다. 돌본다는 것은 그들에게 깨끗한 물을 제공할 뿐 아니라 약탈자로부터 그들을 보호하고, 그들의 건강을 살피고, 독 있는 풀이 있는지 그들의 목초지를 돌아보는 것을 말한다. 이 모든 것이 교회에서 목사의 직분을 갖는 책임감과 같다. 사도행전 20:28-30에 장로들이 하나님의 양 떼를 치도록 명령을 받고 있다는 것을 숙지해야 한다.

> 너희는 자기를 위하여 또는 온 양 떼를 위하여 삼가라
> 성령이 저들 가운데 너희로 감독자를 삼고
> 하나님이 자기 피로 사신 교회를 치게 하셨느니라
> 내가 떠난 후에 흉악한 이리가 너희에게 들어와서
> 그 양 떼를 아끼지 아니하며
> 또한 너희 중에서도 제자들을 끌어 자기를 좇게 하려고
> 어그러진 말을 하는 사람들이 일어날 줄을 내가 아노니

이 명령이 '장로들', 즉 복수의 사람들에게 주어진 것이라는 것에 유의해야 한다. 신약에서는 한번도 단 한 사람을 '목사'라 부른 적이 없다. 이것은 팀 사역으로 예정된 것이 분명하다. 이것을 장로들이나 목사들이 권위나 지도력에서 동등하다는 의미로 해석해서는 안 된다. 사실 지도력에 대한 신약의 본보기는 베드로와 야고보가 예루살렘에서 한 것과 같이 한 사람이 팀을 이끄는 것이었다. 그럼에도 불구하고 모든 경우에 장로

들과 사도들은 팀이다. 한 사람이 하나님의 양 떼를 지키는 데 필요한 모든 것을 할 수는 없다. 모든 사람들에게 완벽하게 하고자 하는 사람의 수하에 있는 사람들은 양 떼를 돌보는 것에 서투를 수밖에 없다.

그러나 "좀 더 나은 목사가 있었다면 내 인생이(혹은 내 아이들이, 내 사역이….) 이 꼴은 되지 않았을 것이다!"라는 것과 같은 어리석은 변덕에 의해 목사들은 끊임없는 폭격을 당한다. 목사들에게 갖는 기대는 비현실적일 뿐 아니라 가학적이고 잔인하다. 아무리 위대한 목사라 하여도 하나님은 아니다. 우리의 삶 속에서 하나님의 자리를 차지할 수 있는 목사는 없다.

주님은 우리에게 양과 목자의 비유를 주셨다. 사람들은 양의 특성으로 그리고 주님의 백성들에게 방향을 제시해 주어야 할 기름부음 받은 자는 목자로 비유하셨다. 주님과 같은 선한 목자는 단지 직업으로 일하는 고용된 사람이 아니라 양을 사랑하여 양을 위해 그의 목숨을 내어 놓을 수 있는 사람이어야 한다. 선한 목자는 양들에게 항상 좋은 목초, 좋은 물을 먹이고 그들을 보호하기 위해 지킬 것이다.

건강한 양 떼의 가장 기본적인 필수 조건 중 하나는 다른 양 떼들과 교배하는 것이다. 다른 양 떼들과 교배를 하지 않은 양 떼의 다음 세대는 점점 더 약해진다. 교회도 마찬가지이다. 우리가 다른 믿는 자나 다른 교회들과 친교하지 않고 교제하지 않는다면 우리는 점점 강해지는 것이 아니라 점점 약해질 것이다. 그러므로 수동적이거나 다른 교회와의 협력에 대해 두려워하는 목자들은 다른 이들과 교류함으로 생기는 문제들보다 더 많은 문제로 그들의 양 떼에 손상을 줄 것이다.

신약에서 사도들이 자신들을 장로로 부르는 것을 본다. 그러나 이것을 그들이 스스로를 지역 교회의 장로로 생각하는 것으로 해석해서는 안 된다. 그들은 교회에서 더 넓은 영역의 권위를 갖고 있는 장로들이었다. 교회에는 우리가 알아 두어야 할 권위의 영역과 단계가 있다.

권위의 영역을 지켜야 한다는 의미는 전체적인 운영을 관할하는 사도로 책임을 가지고 있는 사람이라 할지라도 지역 교회의 요구없이 장로들이나 다른 지도자들을 임명하는 것을 참견해서는 안 된다는 것이다. 이것이 신약성경의 많은 서신들이 교회들로부터 온 특별한 질문들에 대한 답장 형식으로 쓰여진 이유이다.

고린도전서 11:3에 "…그리스도는 모든 이의 머리 되시니…."라는 말씀 때문에 내가 사도라 할지라도 믿는 자의 삶 속에 일어나고 있는 일들을 참견할 수는 없다. 교회에서나 다른 곳에서나 남에게 영향을 끼치는 심각한 죄가 아닌 이상 나는 그들의 결혼이나 가족에 대해 참견할 수 없다. 그러나 어떤 경우에는 그 사람이나, 그의 가족 그리고 교회를 위해 나의 권위를 사용하는 것을 망설이면 안 될 때가 있다. 모든 영적 권위는 가능한 한 권위를 쓰도록 임명되어진 영역 안에서 서로를 최대로 존중하며 사용되어야 한다.

진정한 권위는 사람들에게 더 많은 책임감을 줌으로써 그들을 더 큰 권위 속으로 이끈다. 진정한 영적 권위는 권위 아래에서 사람들을 성숙과 지혜의 장소로 이끌어 더 이상 우리의 권위가 필요없이 그들 자신의 권위를 갖게 만드는 것이다. 예수님도 성령이 그들에게 직접 오도록 하기 위해 그가 가는 것이 제자들에게 유익하다고 말씀하셨다. 이것이 제자들이 주님 안에 성장할 수 있는 가장 좋은 방법이었다. 영적으로 목양한다는 것은 이 양과 목자의 비유가 없어지는 것이다. 우리가 구하는 것은 모든 양이 목자가 되는 것이다. 이것이 '준비시키는' 사역이라 하는 이유이다.

준비시키는 사역자들이란, 사역자의 일을 해야 할 성도들을 준비시키도록 부름을 받은 사람들이다. 선지자의 일은 단지 예언을 하는 것만이 아니라, 성도들을 주님의 목소리를 알고 주님에 의해 예언하는 것에 쓰여지도록 준비시키는 것이다. 복음 전하는 자들은 단지 복음을 전하는 것이 아니라, 복음을 전하고 잃어버린 자들을 향해 교회가 책임을 갖도록 준비시키는 것이다. 목사사역도 마찬가지이다. 믿는 자들이 주님의 보살피시는 마음을 끌어안을 수 있도록 돕는 것이다. 우리의 형제 자매가 어려움에 있을 때를 알아 그들을 어떻게 도울 수 있는가를 알 수 있어야 한다.

목사가 마음에 간직해야 할 또 다른 기본적인 요소는 사역의 기초가 양에 대한 사랑이 아니라 주님에 대한 사랑이라는 것이다. 물론 양을 사랑해야만 한다. 그러나 주님을 더 사랑하지 않는다면 양들을 잘못된 방법으로 사랑하게 될 것이다. 이것이 요한복음 21:15-17에서 주님이 베드로에게 설명하시고자 하신 것이다.

> 저희가 조반 먹은 후에
> 예수께서 시몬 베드로에게 이르시되
> 요한의 아들 시몬아 네가 이 사람들보다
> 나를 더 사랑하느냐 하시니 가로되
> 주여 그러하외다 내가 주를 사랑하는 줄 주께서
> 아시나이다 가라사대 내 어린 양을 먹이라 하시고
> 또 두 번째 가라사대
> 요한의 아들 시몬아 네가 나를 사랑하느냐 하시니
> 가로되 주여 그러하외다 내가 주를 사랑하는 줄 주께서
> 아시나이다 가라사대 내 양을 치라 하시고
> 세 번째 가라사대
> 요한의 아들 시몬아 네가 나를 사랑하느냐 하시니
> 주께서 세 번째 네가 나를 사랑하느냐 하시니
> 베드로가 근심하여 가로되 주여 모든 것을 아시오매
> 내가 주를 사랑하는 줄을 주께서 아시나이다

예수께서 가라사대
내 양을 먹이라


여기서 베드로가 주님을 사랑한다면 1) 그의 어린 양을 먹이고, 2) 그의 양을 치고, 3) 그의 양을 먹일 수 있다고 하셨다. 어린 양으로 시작하여 양을 치고 먹이는 것을 강조한다. 이것은 그분을 사랑한다면 해야만 할 수 있는 것들이다.

# 32장

## 교사

　교사는 에베소서 4:11에 열거한 오중 사역의 마지막 하나이다. 그러나 이것은 모든 다른 직분의 기초이다. 다른 이들을 준비시키는 것은 훈련이나 나누어 주는 것뿐 아니라 가르치는 것이 필요하다. 그러나 가르치는 직분은, 특히 성령에 의해 성경을 통해 나타난 하나님의 길에 대한 지식을 나누는 것에 중점을 두어야 한다.

　사도행전 13:1에 있는 "선지자들과 교사들"로 명시된 사람은 다섯 사람이 있지만 목사의 직분과 마찬가지로 오직 교사만으로 명시된 사람에 대한 신약의 예는 없다. 분명히 이들의 어떤 이는 선지자이고, 어떤 이들은 교사였다. 그러나 누가 누구였는지는 모른다. 그럼에도 이것은 우리에게 중요한 관심을 갖게 한다. 선지자와 교사들이 함께 주님을 경배할 때 사도적 직분이 시작되었다. 오늘날, 특히 진정한 사도적 직분이 다시 풀리기 위해 특히 요구되는 것은 이 두 직분의 특별한 결합이다.

선지자들이 환상의 영역을 다루는 경향이 있는 반면, 교사들은 실질적인 경향이 있다. 교사들은 어떻게 거기에 가는가보다는 차라리 우리가 있어야 할 필요가 있는 곳이 어디일까 하는 것을 다룬다. 이 두 직분자들이 함께 일할 때 항상 위대한 것을 성취할 수 있는 역동적이고 힘 있는 팀이 만들어진다. 이것이 제각각 작동한다면 양쪽 다 효과적이지 못하고 어떤 면에서는 차라리 파괴적이 될 것이다. 선지자의 영향을 받지 않는 교사는 너무 실질적이어서 건전한 교리는 갖겠지만 앞으로 나아가기 위해서 항상 필요한 불과 환상은 부족할 것이다. 교사의 영향을 받지 않는 선지자들은 불은 받았지만 무엇을 해야 하는지를 모르는 사람들이 되기 쉽다.

이 모든 준비된 사역들은 팀으로 움직이도록 만들어 졌다. 팀이 되었을 때 지구상에서 가장 역동적이고 능력 있는 지도력을 지닌 함대가 될 수 있다. 개인적으로 무엇인가를 성취할 수는 있지만 함께 했을 때 이루는 것보다 훨씬 적다. 팀으로 행동한다고 해서 항상 모든 시간을 함께 해야 한다는 것을 의미하는 것은 아니다. 우리는 신약에서 누군가 한 도시로 가서 교회를 세우거나 사람들에게 사역을 하면 그 이후에 다른 그룹이 그 사역을 뒷받침하기 위해 가는 것을 본다. 바울은 이것을 누군가 심으면 다른 그룹이 물을 준다고 표현했다. 그러나 키우시는 것은 하나님이시다.

이제 교사만의 독특한 기능으로 돌아가자. 가르치는 직분의 마음과 영혼은 진리에 대한 사랑이어야 한다. 이 사랑은 사람으로 하여금 모든 진리의 기초인 성경을 통달하게 만들 것이다. 고린도전서 2:10에 교사에 대한 아주 중요한 특징이 나타나 있다. "오직 하나님이 성령으로 이것을 우리에게 보이셨으니 성령은 모든 것 곧 하나님의 깊은 것이라도 통달하시느니라." 우리에게 하나님의 깊이를 통달하도록 이끄시는 분은 성령이시다. 성령은 하나님의 깊은 것들을 나타내신다. 이런 이유로 교사는 다른 직분처럼 성경에 민감해야 한다. 해석학이나 공부의 다른 체계들이 도움이 되는 지침이 될 수 있겠지만, 성령을 대신하여 그것에 의존한다면 우리는 속기 쉽다. 하나님의 영적 진리는 과학에 의해 발견되는 것이 아니라 오직 진리의 영에 의해 나타나는 것이다. 이것이 모든 진리로 이끌 성령이 우리에게 주어지는 중요한 이유다.

성도를 준비시키는 교사에게는 단지 지식을 알려주는 것 이상의 것이 요구된다. 교사의 중요한 직책은 진리를 위해 사랑을 나누는 것이다. 이것은 성도들을 진정한 믿음을 위해 기본이 되는 그들 자신의 우물을 파도록 격려한다. 주님을 알고 있는 사람이 단지 아는 것으로 하나님 나라에 들어 갈 수 있는 사람은 아무도 없다. 우리 자신이 그분을 알아야 한다. 진정한 교사는 하나님의 길에 대한 지식의 사랑을 나누어 주어 듣는 자들이 스스로 말씀에 빠지게 하여야 한다.

# 33장　　사역이 갖는 목적

　　지난 몇 장에서 에베소서 4:11에 언급한 오중 사역에 대해 짧게 논의했다. 이제 좀더 깊게 "봉사의 일을 하게 하며 그리스도의 몸을 세우려 하심"(에베소서 4:12)의 목적에 대해 논의할 것이다. 그렇다면 성도들을 "준비한다" 것은 무슨 의미인가?

　　우리는 가끔 가르치는 것을 준비하는 것으로 생각한다. 그러나 이것은 가르치는 것보다 더 큰 의미가 있다. 훈련은 단지 가르치는 것 이상의 의미가 있고, 준비하는 것은 훈련보다 더 큰 의미가 있다. 군대에 있는 사람으로 예를 들어 보자. 군인은 교실에서 무기나 기본적 전쟁 전략에 대해 배운다. 그리고 운동장으로 나아가 그들이 교재에서 배운 것들을 훈련한다. 그러나 그들에게 무기가 주어질 때까지는 아직 준비되었다고 말할 수 없다. 고린도후서 10:3-4의 말씀이다.

> 우리가 육체에 있어 행하나 육체대로 싸우지 아니하노니
> 우리의 싸우는 병기는 육체에 속한 것이 아니오
> 오직 하나님 앞에서 견고한 진을 파하는 강력이라

지금의 교회 사역의 효과를 알아볼 수 있는 질문 하나가 있다. 마귀의 견고한 진을 파할 하나님의 강력한 무기로 준비된 크리스천이 얼마나 되는지 알고 있는가? 모든 크리스천들은 그들이 파한 모든 마귀의 견고한 진으로부터 얻은 승리의 표시를 가져야 한다! 우리라고 못하겠는가?

학교 교육 과정부터 헐리우드, 방송매체까지 어디에나 강력한 마귀의 견고한 진들이 숫자자적으로나 힘으로나 커가고 있고, 사람들을 진리로부터 등을 돌려 마귀를 향하도록 만들고 있다. 그들을 파할 하나님의 강력한 무기는 어디 있는가? 그것은 무엇인가? 그 악한 것들에 대해 피켓을 들고 시위하는 것으로는 성도들을 지치게 하는 것 이상의 성과는 올리지 못한다. 악한 것을 대적하고 끌어 내리기 위하여는 우리가 지금 체험하고 있는 것보다 더 큰 능력이 있어야 한다.

기름부음 가운데 선포된 진리는 우리의 가장 능력 있는 무기이다. 이 무기는 진리와 하나된 마음의 강한 요새로부터 나와 사용되는 것이다. 진리와 의가 중요한 난공불락의 요새가 되도록 그리스도의 몸을 짓는 것이 가장 중요한 헌신이다. 그때 우리는 어둠을 드러낼 예언적 기름부음을 위탁 받을 것이고, 사람들은 창조를 통해 만들어진 원래의 의로움의 기준으로 돌아가게 될 것이다.

로마서 1:20에 말씀하신다.

창세로부터 그의 보이지 아니하는 것들
곧 그의 영원하신 능력과 신성이 그 만드신 만물에
분명히 보여 알게 되나니
그러므로 저희가 핑계치 못할지니라

하나님의 의로운 길의 법은 창조를 통해 이미 쓰여졌을 뿐 아니라 모든 인간의 양심 속에서 또한 증인이 되셨다. 악하다고 알고 있는 것들을 지속적으로 취함으로 우리의 양심은 '마비 되고' 무감각해진다. 그러나 하나님의 길에 대한 증거는 창조에 의해 인간에게 이미 뿌려졌다. 우리의 목표는 어느 것보다도 더 기본적이고 분명한 진리에 의해 살아있는 견고한 바위로 돌아가는 것이고, 다른 이들 안에 있는 이것을 흔들어 깨워 그들이 어둠의 사슬을 깨고 빛으로 나오게 하는 것이다.

세상을 바꾸는 기름부음의 능력의 예가 있다면 바로 요한 칼빈의 삶이다. 그의 신학적 이론을 사람들이 어떻게 생각하는가와는 무관하게 그는 이제까지 보아 온 사람들 중 가장 놀라운 사람이다. 세계적인 도시인 제네바에서의 칼빈의 능력 있는 설교는 교회의 목사로서 정치적인 것을 지시한 것과 같았다. 정치적 직책도 없이, 스위스 시민도 아니면서 단순히 말씀을 전함으로 그는 설교 단상에서 어느 권력 있는 사람보다 더 철저하게 제네바를 제압했다. 그의 설교는 그 도시의 사람들과 많은 다른 나라에 퍼져 있는 가장 강력한 악의 견고한 진을 풀 수 있었다. 제네바에서 그의 승인 없이는 어떠한 법과 관례도 인정되지 않았다. 어떤 문제에 대하여는 그의 견해가 다른 도시 관료들의 생각을 합쳐 놓은 것보다 더 무게가 있었다. 어떻게 그렇게 할 수가 있었을까? 그는 기름부음 안에서 명료하게 중요한 문제들에 관해 설명해 나갔다. 그 누구도 그의 지혜와 기름부음을 반박할 수 없었다. 그의 지혜와 기름부음은 그의 시종 일관

된 그리고 진실된 삶으로 증명되었다.

　이러한 영향력은 단지 인간의 개성이나 은사적인 힘으로 설명될 수 있는 것이 아니다. 이것은 주님이 주시는 귀한 영적 권위에서 온다. 모든 믿는 자들의 목표는 그들 안에 있는 빛이 지옥의 어떤 권능이나 철학보다 더 큰 영향력을 주변에 미칠 수 있어야 한다. 1세기에 살았던 크리스천들은 그러한 권능을 가지고 있었다. 우리는 그보다 더 못한 것을 우리의 것으로 취해서는 안 된다.

　그렇게 되기 위해 우리는 가르치는 것, 훈련받는 것 그리고 믿는 자들을 준비하는 것에 대한 새로운 단계로 나아가야 한다. 새로운 군대를 모집하는 것처럼 믿는 자들은 먼저 하나님의 의로움, 그분의 방법, 원수들의 궤계 그리고 우리가 어떻게 살 것인가를 배워야 한다. 군인들이 무기를 다루는 법을 잘 다루게 될 때까지 배우며 연병장에서 쏘는 연습을 하는 것처럼 믿는 자들도 훈련받아야 한다. 크리스천의 삶은 어떤 특별한 능력보다 도전적인 헌신과 훈련이 필요하다.

　진정한 기독교 신앙의 삶은 우리가 가질 수 있는 가장 큰 도전이고, 꼭 해야 할 삶이다. 이것은 궁극적인 모험이다. 이것은 일주일에 한 번씩 참여하는 몇 개의 지루한 모임과는 다르다. 진정한 기독교 신앙의 실체가 회복되어야만 한다. 또한 우리에게 맡겨졌던 진리의 능력이 회복되어야 한다.

　이 시대가 끝나기 전에 이것이 일어나기를 기대한다. 그러나 우선 교회가 그들에게 맡겨진 은사와 사역들을 효율적으로 다루어 이 땅에서 가장 효과적인 훈련을 받은 영광스러운 영적 군인들의 군대가 되어야 한다. 이것은 교회 사역이 부름 받은 대로 팀이 되어 교회의 기본적 사명을 시작하고, 성도들을 부르심 안에서 준비시킬 때 이루어질 것이다.

# 더 견고한 반석

에베소서 4장 하반절 연구

**34장** 안정과 분별 · 206
**35장** 사랑으로 진리를 말함 · 212
**36장** 허망한 마음 · 218
**37장** 마음을 새롭게 하라 · 224
**38장** 진리를 사랑하라 · 228
**39장** 수고함 아니면 도둑질 · 236
**40장** 세우는 말들 · 240
**41장** 성령을 근심케 말라 · 244

# 34장

## 안정과 분별

5부에서는 에베소서 4장의 마지막 구절들을 공부할 것이다. 그 구절들은 모든 기독교적 삶에 만들어져야 할 견고한 기초를 세우기 위한 가장 중요한 가르침이 될 것이다.

이런 성숙한 조건은 에베소서 4:11에 열거한 사역들로 준비되어진 믿는 자들의 결과이다. 이것을 뒤집어 본다면 크리스천의 미성숙과 불안정의 원인은 그리스도의 몸의 좋은 부분의 예로써 오직 한 가지 직분에만 매달리는 그들의 성향이라고 말할 수 있다. 사실 이단에 대한 정의 중 하나는 오직 한 선지자와 혹은 한 교사의 말만 듣는 그룹이라는 것이다.

우리의 목적을 효과적으로 확립하고 준비하기 위하여는 오중 사역의 일부가 아닌 모든 것을 나누이 장에서는 에베소서 4:14을 계속 공부할 것이다.

이는 우리가 이제부터 어린 아이가 되지 아니하여
사람의 궤술과 간사한 유혹에 빠져 모든 교훈의 풍조에 밀려
요동치 않게 하려 함이라

는 것이 필요하다. 비종교적인 교육에서도 현대 사회의 직업을 위해 한 사람을 준비시키는 데 요구되는 다양한 주제들을 위해 여러 명의 선생들을 필요로 한다. 기독교 신앙은 믿음에 맡겨진 모두를 위하여 의의 교육과 훈련을 첫째로 강조하는 종교이다. 진정한 크리스천의 삶은 깨달음과 행실에 있어 발전이 있어야 하고, 선한 일을 하는 능력도 나아져야 한다. 잠언 4:18에 "의인의 길은 돋는 햇볕 같아서 점점 빛나서 원만한 광명에 이르거니와"라고 말씀하신다.

이 구절이 말씀하시는 것과 같이, 우리가 걷는 빛이 점점 더 밝아지지 않는다면 결국 우리는 길을 벗어나게 될 것이다. 크리스천들이 제자라 불리는 이유 중 하나는 제자는 배우는 학생이기 때문이다. 진정한 크리스천의 삶은 지속적으로 계발되고, 우리가 경배하는 하나님의 형상으로 변화되는 삶이다.

이러한 이유로 우리는 견고한 성경적인 진리에 뿌리를 내리도록 우리를 도와주고, 우리 스스로 성경을 연구할 수 있도록 진리에 대한 사랑을

나누어주는 교사가 필요하다. 우리를 하나님의 길로 가도록 도와주고 또한 다른 이들을 사랑하고 지켜보며 도와줄 수 있도록 우리를 준비시킬 목사가 필요하다. 우리는 잃어버린 자들에 대한 하나님의 사랑을 우리에게 나누어 줄 복음 전달자가 필요하다. 그뿐 아니라 다른 이들을 어둠에서 주님의 빛으로 인도하도록 이미 우리에게 주어진 빛을 발산할 수 있도록 우리를 준비시켜 줄 이가 필요하다. 우리는 전략적 지침을 위해 선지자가 필요하고, 우리에게 하나님의 소리를 어떻게 알 수 있는가를 가르쳐 줄 사람이 필요하다. 우리는 몸의 각 다른 지체들을 가지고 함께 맞추어서 기능적인 전체 몸을 만드는 것을 도와줄 사도도 필요하다. 이를 통해 우리는 이 모든 것들이 균형 잡힌 아름다운 크리스천의 삶을 위해 왜 필요한지를 알게 된다.

이 구절을 좀더 분석해 보자. 우리가 바르게 준비된다면, 1) 우리는 더 이상 어린 아이가 아닐 것이다. 2) 파도에 의해 휩쓸리지 않을 것이다. 3) 어떤 교리의 바람으로도 움직이지 않을 것이다. 4) 사람의 책략에도 굴복하지 않을 것이다. 5) 우리는 교활함이나 속이기 위한 계획적인 음모로 잘못 인도되지 않을 것이다.

1세기 이후 교회가 이 기초 원리들을 잘 수행하지 못하였다는 것을 쉽게 알 수 있다. 이것은 이러한 목적을 위해 교회에 주어진 모든 준비 사역들을 받아들이지 않은 결과다. 신약의 사역은 팀 사역으로 부름을 받았기 때문에 구성원이 부족한 팀은 약해질 것이다. 대부분의 교회가 그들 사역의 5분의 4를 놓치고 있다. 그들은 한 가지 직분, 즉 목사로부터 오직 기본적인 것만을 받고 있기 때문이다. 지도자들의 80%를 놓친 이 팀이 어떻게 온전할 수 있을까? 이것이 지금 교회 사역에서 일어나고 있는 것이다.

믿는 자들의 준비를 위해 주어진 이 다섯 가지 모두를 받아들인 결과로 다섯 강점들을 간단히 더 깊게 살펴보도록 하자.

1) 우리들은 더 이상 어린 아이들이 아니다. 이것은 우리는 성장할 것이라는 의미이다. 신약에서 예언적인 것을 쓴 것은 아니지만 내용이 풍부한 히브리서의 저자가 멜기세덱의 제사장직 같은 것을 주제로 가르치며 그의 독자들과 나눌 수 있는 것이 단단한 음식이 아닌 오직 우유와 같은 것이라 슬퍼하고 있는 것은 흥미롭다! 오늘날의 교회는 저자가 유아용 음식이라고 부르는 히브리서를 제대로 이해하고 있는 것일까? 모든 크리스천들에게 기초가 되어야 하는 지식을 조금이나마 가지고 있는 교회 조차도 사람들을 실제로 이 지식 속을 걷게 하는 실질적인 훈련이 필요하다는 것에 대한 생각은 부족하다.

목표는 우리 모두가 교사가 되고 예언하기 위해 준비되어야 한다는 것이다. 우리는 병든 자를 고칠 수 있고, 마귀를 쫓아내며, 우리 안에 솔로몬보다 더 위대하신 분이 살고 계시기에 솔로몬의 지혜를 가질 수 있다. 그러나 그 깊숙함, 경건함 속의 성숙 그리고 하나님의 길에 대한 지식은 어디 있나? 우리는 예비된 사역의 자리에서 제대로 가능성을 발휘할 때까지 그것을 갖지 못할 것이다.

2) 우리는 파도에 의해 휩쓸리지 않는다. 성령의 움직임은 가끔 파도로 언급된다. 이것을 성숙한 자는 성령의 물결에 의해 혼란스러워지지 않을 것이라는 의미라고 볼 수 있는가? 그렇다. 성령은 지금 이 땅에서 많은 놀라운 일들을 하고 계신다. 그러나 우리가 그 모든 놀라운 일들의 한 부분이 되고자 한다면 우리는 바다의 파도에 의해 흔들리는 코르크 조각과 같게 될 것이다. 우리는 주님이 우리 안에서 무엇을 하고 계신지를 분별해야 한다. 그리고 주님이 다른 이들 안에서 하고 계신 것에 대해 행복을 느껴야 한다. 그리스도의 몸 안에서 일어나고 있는 모든 것을 뒤쫓아 갈 필요가 있다고 생각하지 말아야 한다. 이런 성숙함과 분별력은 그분이 우리

안에서 하시는 것이 무엇이며 그 안에서 안전한 것이 무엇인가를 알도록 그분과 우리의 관계가 바르게 뿌리내려진 것으로부터 온다.

3) 우리는 어떤 교리의 바람으로도 흔들리지 않을 것이다. 흥미로운 것은 여기서 말하고자 하는 것이 가짜 교리에 대한 것이 아니라는 것이다. 성령의 모든 파도를 따라가고자 하는 것처럼, 우리는 그리스도의 몸에서 나오는 모든 새로운 가르침을 따라 가고자 하여 실제로 끌려 다니게 되고 우리의 믿음은 피상적이 되어갈 수 밖에 없다는 것이다. 우리가 안정되어 성숙하고자 한다면 주님이 개인적으로 우리에게 가르치시고자 한다는 것을 알아야만 하고, 그것들 안에 우리의 뿌리를 깊게 박고 주님이 다른 이에게 가르치는 것을 무조건 쫓으려 하지 말아야 한다.

4) 우리는 인간의 교활함으로 어리석게 되지 않을 것이다. 바울은 고린도후서 11:20에 "누가 너희로 종을 삼거나 잡아 먹거나 사로잡거나 자고하다 하거나 뺨을 칠지라도 너희가 용납하는도다." 라고 쓰고 있다. 많은 믿는 자들이 실제로 그리스도의 성품에 반대되는 영적 불량배들의 품성을 따르는 경향이 있는 것은 있어서는 안 되는 일이다. 우리는 그리스도의 몸 안에서 가장 필사적인 분별의 필요성을 가져야 하고 그것은 에베소서 4:11에 열거된 팀 사역과 같이 현재 균형 잡힌 사역이 있을 때만 이루어질 수 있는 것이다.

5) 우리는 속이는 계획적인 음모 속에 있는 교활함으로 잘못 인도함 받지 않을 것이다. 교활함은 뱀, 즉 마귀에게 주어진 첫 번째 특성이다. 교활함은 법령을 구부려 그것을 가지고 무엇인가를 해내려는 경향을 말한다. 이것은 마귀의 특성이고 이것이 누군가의 안에서 일어나고 있는 것을 볼 때, 이것은 그들이 음모를 꾸미고 속이는 것에 관계하고 있다는 것을 보

여 주는 좋은 표시이다. 이것에 대한 대답은 이전의 두 구절에서 설명했다. 즉 새로운 언약 사역은 팀으로 짜여져 있고, 하나님이 그의 사람들을 준비하시기 위해 주신 팀만이 우리를 궤도를 벗어나지 않게 하고, 이 땅 위에서 목적을 성취하도록 이끌 수 있을 것이다.

대부분 온전하게 발전하는 교회는 주님이 그의 교회에 주신 모든 준비 사역을 인식하고 받아들여야 하는 필요에 대해서 이제 잠에서 깨어난 것 같다. 깨어나는 동안 많은 이들은 다른 극단으로 갔거나, 이러한 사역들에 대한 성경적 기준으로는 분별할 수 없는 준비 사역을 표명한 미성숙한 것들에 이 이름을 붙이기 시작하였다. 그러나 우리는 궁극적으로 그 사역들이 교회가 회복되었을 때 안정되고, 성숙하고, 힘이 생길 것이라는 것을 믿는다.

## 35장 사랑으로 진리를 말함

　이 구절은 온 생애 동안 공부할만한 가치가 있는 구절 중 하나이다. 이 한 구절에 주의를 기울였었다면 실제 수백만의 사람들이 전쟁으로 멸망하지 않았을 것이고, 친구 크리스천들에 의해 고소당하지 않았을 것이다. 이 구절에 주의를 기울였다면 오늘날 그리스도의 몸이 나뉘어지지 않았을 것이다.

　주 예수님은 진리이시고 그를 사랑하는 사람은 진리를 사랑하는 것이다. 우리는 생활의 기초인 건전한 성경적 진리에 의탁해야 한다. 그럼에도 우리의 진리가 사랑과 균형을 이루지 못한다면 우리는 아직도 속고 있는 것이다.

　사랑 없는 진리는 적의 손안에 있는 극악 무도한 무기이다. 이것이 적이 "광명한 천사"(고린도후

전체 서신 중에서 더욱더 놀라운 에베소서 4:15를 보자.

오직 사랑 안에서 참된 것을 하여
범사에 그에게까지 자랄지라 그는 머리니 곧 그리스도라

서 11:14) 라고 불리는 이유다. 천사는 메신저이다. 그리고 빛은 진리이다. 사탄은 종종 진리를 가진 하나님의 천사로 변장하고 악을 행하기 위해 온다.

어떤 이에 대한 작은 진실을 안다는 것이 그 사람에 대해 나눌 수 있다는 의미는 아니다. 이것이 크리스천 저널리스트가 되려는 많은 이들이 걸려 넘어지는 장애물이다. 우리는 진리를 사랑 안에서 나눌 수 있는가를 생각해야만 한다. 4:29의 말씀을 보자.

무릇 더러운 말은 너희 입밖에도 내지 말고
오직 덕을 세우는 데 소용되는 대로 선한 말을 하여
듣는 자들에게 은혜를 끼치게 하라

우리의 입 밖으로 나오는 모든 말은 이 구절에 의해 적격성을 인정 받아야 한다. 이것은 실제로 우리가 "범사에 머리이신 그리스도에게 까지" 자라기 위한 기초이다. 주님은 말씀이심을 기억하라. 주님이 요한복음 6:63에 "살리는 것은 영이니 육은 무익하니라 내가 너희에게 이른 말이 영이요 생명이라."라고 말씀하신 것처럼 말은 중요한 것이다. 잠언 18:21에 "죽고 사는 것이 혀의 권세에 달렸나니 혀를 쓰기 좋아하는 자는 그 열매를 먹으리라" 라고 쓰인 것을 우리는 본다. 우리의 말들은 무엇을 만들어 내는가? 우리가 진정으로 그분 안에 성장한다면 그 말들을 듣는 사람들을 세우고 다른 이들 안에 주님의 생명을 만들 것이다.

다음 구절 에베소서 4:16은 이 책의 앞의 열 장의 공부를 통해 우리가 공부했던 것을 우리가 실제로 어떻게 그 소명대로 성장할 것인가에 대한 마지막 설명이다.

> 그에게서 온 몸이 각 마디를 통하여
> 도움을 입음으로 연락하고 상합하여
> 각 지체의 분량대로 역사하여 그 몸을 자라게 하며
> 사랑 안에서 스스로 세우느니라

적절하게 연합된 몸을 위하여 각 지체들은 다른 지체들의 것과 마찬가지로 그들 스스로의 은사와 직분을 알아야 된다. 그러므로 준비 사역은 우선 믿는 자들이 그들의 은사와 직분을 알도록 도와주는 것이다. 우리는 가르치고, 훈련하고, 준비하여 그들이 소명 안에서 직분을 다할 수 있도록 도와주어야 한다. 각 마디를 통하여 도움을 입어 그들이 세워질 때 우리는 그들을 연합하게 한다.

각 파트들이 연합되어 "각 마디를 통하여 도움을 입으므로 상합된다." 지금 우리들의 몸처럼 마디들은 비슷한 것들이 아닌 각 다른 파트 사이에 형성되어 있다. 손은 다른 손이 아닌 손목에 연결되어 있다. 그러나 오늘날의 교회를 본다면 대부분 복음 전달자는 복음 전달자들끼리, 교사들은 교사들끼리, 예언자들은 예언자들끼리 가깝게 모인다. 남자와 여자가 결혼을 하는 것처럼 사역의 결합은 서로가 알맞게 조율되는 것을 배우기 위해 몸의 다른 부분들이 필요하다.

물론 우리들은 다른 부분들과 그냥 상합되는 것을 원하지 않는다. 손이 무릎에 결합되는 것을 원치 않는다. 하나님의 "뛰어난 건축가"-사도의 지혜-가 교회의 구조를 만들어 가고 주님이 원하시는 방법으로 세워야 한다. 오늘날 그리스도의 몸에서 가장 중요한 은사 중 하나는 다른 부분들과 연결되는 것이 몸의 어떤 부분인지를 알아 진실되고 지속적인 관계를 만들어 실제적인 상호 교환을 돕는 것이다.

예상대로 교회가 함께하는 돕는 일을 시작하기 위해 우리는 믿는 자들의 영적 은사와 사역에 대하여 아는 것이 필요하다. 이미 설명한 대로 요즘 믿는 자의 10%보다도 적은 수만이 몸에서의 자신의 자리를 알 뿐이고 그보다 더 적은 수만이 그 안에서 기능을 발휘한다. 당신이 어느 부분을 맡아야 하는지조차 모른다면 자신이 몸의 어느 부분에 연합되어졌는지 어떻게 알 수 있을까? 요즘 대부분의 교회들은 살아있는 돌들의 거대한 더미와 같다. 살아있는 돌들이 모여있기는 하지만 그들이 부름 받은 대로 성전으로 건축되지 않았다. 이것이 바로 많은 이들이 계속해서 믿음으로부터 떨어져 나가는 이유다. 그저 쌓아 놓은 것 속에 있는 돌을 훔치는 것은 쉽다. 그러나 그것이 벽이나 방으로 접착되어 있다면 그것을 가져가는 것은 쉽지 않을 것이다.

요즘 우리는 교회가 비참할 정도로 약해져 있다는 것을 고백하지 않을 수 없다. 모든 각각의 부분이 기능을 발휘할 수 있도록 성도들을 준비하여야 하는 사역의 실패는 이 시대에 위임 받은 것을 이루어야 할 교회가 전반적으로 비효율적이 되어버린 것에 대한 우선적인 원인이 된다.

어떻게 이 지경이 되었을까? 이렇게 된 것은 주님의 의도로 신약에서 우리에게 보여 주신 중요한 예가 되는 교회에서의 직분의 형태가 점점 변질되어 일어난 것이다. 많은 교회들이 이제 에베소서 4장에 열거된 직분들을 인식하고 또한 많은 이들이 이 직분들의 명칭을 되찾고자 하고 있다. 그러나 혼자서 사역하는 대신 성도들을 준비하는 것에 중점을 두는 이들을 찾는 것은 아직도 어렵다.

말했듯이, 직분들이 정체성을 갖고 준비되어야만 의도한대로 형태를 갖출 몸의 마디들이 실현될 것이다. 바나바가 바울을 발견하고 그들이 사도로서 궁극적인 소명으로 나아가기 전 둘이 있어야 할 자리에 있었던 것처럼 우리 모두가 우리의 궁극적인 목적으로 나아가기 위해 필요한 것은 다른 이들과 만들어야 할 신성한 교제이다.

에베소서 4:16에 말했듯이 이것이 이루어졌을 때 그 결과는 "각 지체의 분량대로 역사하여 그 몸을 자라게 하며 사랑 안에서 스스로를 세우느니라." 현재 사랑과 다른 이들을 세우는 헌신의 부족의 상당량은 좌절에서 기인한다. 적어도 믿는 자들의 90%가 그들이 소명은 받았지만 그것에 대한 정체성을 갖지 못하거나 지금 상태의 교회 생활의 형태에서는 기능을 발휘할 수 없다는 것을 안다.

목사들의 설교나 지도력이 소명을 받고 목적이 주어진 것은 알지만 그것을 채울 수 없음을 아는 사람들 안에 있는 깊은 좌절의 압박을 이겨낼 수 있도록 사람들을 결속시킬 만큼 충분히 강하지 못하다. 목사가 연속적으로 불충분한 몇 주를 지내면 사람들이 어떻게 방황하기 시작하는가를 보라. 이때 형성되는 압박은 목사들을 죽일 뿐 아니라 사람들도 죽일 것이다. 그러므로 우리는 주님의 몸을 통해 주님이 나타내시기 원하는 방법, 바로 그 기초 외의 것 위에 교회를 지으려는 것을 중지해야 한다. 또한 이 기초를 놓은 후에는 그 위에 어떻게 지을 것인가를 조심해야 한다. 인간의 공력이 시험 받을 불의 날이 이미 여기 있다. 주님이 의도

하시는 대로 지어진 교회만이 견딜 것이다. 견딜 것이고 또한 승리할 것이다.

## 36장

### 허망한 마음

여러분에게 질문을 하나 던지면서 시작해 보고자 한다. 세상에서 가장 똑똑한 사람들의 총명이 어떻게 어두워졌는지 추측해보라는 질문이다. 어느 날 아침 해변을 걷다가 메뉴얼과 열쇠 그리고 휘발유까지 채워진 신형 벤츠를 발견했는데, 거의 가능성 없는 우연으로 태양이 이 차를 생산했다고 말하는 사람을 보면 어떤 생각이 들까? 우선 그들의 정신이 온전한지를 물을 것이다. 바다가 타이어를 생산할 수 있다고 믿는 것은 어려운 일이다. 이것은 보통 많은 과학자들이 세상에 이야기하고 있는 자연주의적 철학이 얼마나 어리석은 것인지를 보여 준다. 어떤 정직한 물리학자가 말한 것처럼 많은 이들이 주장하는 생명의 진화설보다는 차라리 토네이도가 고물상을 강타하여 보잉 747 제트

이번 장에서는 에베소서 4:17-19에서 발견한
더 중요한 경고를 공부할 것이다.

그러므로 내가 이것을 말하며 주 안에서 증거하노니
이제부터는 이방인이 그 마음의 허망한 것으로
행함 같이 너희는 행하지 말라
저희 총명이 어두워지고 저희 가운데 있는 무지함과
저희 마음이 굳어지므로 말미암아 하나님의 생명에서 떠나 있도다
저희가 감각 없는 자 되어 자신을 방탕에 방임하여
모든 더러운 것을 욕심으로 행하되

---

여객기를 남겼다는 것이 차라리 가능할 것이다.

단 하나의 DNA 세포에 저장되어 있는 일련의 지식은 백과사전 4세트에 있는 것보다 더 많은 것으로 추정된다! 바다가 단 하나의 살아있는 세포를 만들었다는 것보다 차라리 자동차나 비행기와 같은 것을 만들었다는 것이 더 가능성 있는 가설이다.

가장 간단한 유기적 조직체를 형성하기 위해 세포를 결합하고 상호 연관을 만드는 것을 돕고 또 그것이 일어나도록 당신이 수천 조 억의 시간을 드린다 해도 그 가능성은 소수점 영영영영……%이므로 이 책에 그것을 쓸 일은 거의 없을 것이다. 사람보다 열등한 물고기나 새와 같은 유기 조직체가 우연히 형성되는 수백만 번의 가능성 없는 우연성을 위해 당신이 이 어리석은 짓을 계속한다면 그것은 참으로 어리석은 논증이 될 것이다. '그들 마음의 허망함'은 이렇게 생각하는 사람들에 대해 잘 표현해 주고 있다.

사실에 대한 오직 기초적인 지식만을 가지고 있는 사람이나, 아직도

진화의 자연주의적 철학을 믿고 있는 사람들은 그런 속임수를 믿고 "그들의 총명을 어둡게" 하는 것들에 대한 의심을 추호도 갖지 않는다. 어떻게 교재나 영화 그리고 텔레비전에서 하는 이 논증에 대한 거의 모든 해석들이 하나님을 믿는 자들을 익살 광대나 바보 멍청이로 만드는 걸까? 최악의 어리석음에 속아온 자들은 그들에게 동의하지 않는 사람들을 단지 잘못된 것이 아니라 어리석은 것으로 취급해 버리는 뻔뻔함을 가지고 있다.

지식이 있고 정직한 모든 과학자들은 인간적 생각으로는 따라잡을 수 없는 최고의 지력과 창조물에 대한 책임을 가지신 창조주가 계시다는 것을 부인할 수 없고 인정하지 않을 수 없음을 안다. 창조물의 복잡성과 경이로움을 관찰하다 보면 그것을 창조하신 분에 대한 가장 깊은 경배와 경의가 생긴다. 대신에 속임수와 인간의 자만은 그것을 '발견한 자'에게 영광을 돌리도록 창조를 이용하고 있다. 이것은 분명히 어두워진 허망한 마음의 길이다.

'우리는 홀로 된 것이 아니다' 라는 것을 점차 인식하고 창조주가 계셨다는 것을 분명히 믿는 과학자의 수가 점점 늘어나고 있다. 이때 대부분의 과학자들은 기독교 신앙을 포함한 다른 종교를 자세히 연구하여 역사를 통해 그 종교들이 어떻게 반응하였는가를 찾고 있다. 그들은 이 영광스럽고 경이로운 창조를 만드신 분과 다른 종교들 중 하나를 책임지시는 자가 같은 분이 될 수 없다는 것을 알아가고 있는 것 같다. 그들이 갖고 있었던 의문은 꽤 합법적인 것 같지만 실제 창조주가 계신 분명한 것을 부정하는 충분한 이유는 안 된다. 이 사실에 대한 분명한 증거는 너무 많다. 그것은 바울이 말했듯이 '총명이 어두워진' 것이다.

창조의 기적들을 발견하는 것은 놀라운 것이지만 더 경이로운 것은 창조주께서 우리를 사랑하시고 우리와 관계를 가지고 싶어하신다는 것이다. 주님은 우리를 그 목적을 위해 만드셨다. 우리를 주께 더 가까이 인도하지 않는 어떤 지식이나 지혜 혹은 철학은 인간이 창조된 바로 그 목적과 인간 영혼의 가장 깊은 열망을 만족시키는 유일한 목적과 반대되는 것이다.

물론, 창조주의 본질은 이것을 읽는 여러분과 같은 사람들을 위해 분명히 명시되어 있다. 그렇다면 '어두워진' 총명에 사로잡힌 사람들을 돕기 위해 우리는 무엇을 할 수 있는가? 그러한 깊은 속임수에 빠져 있는 사람들을 돕기 위해 할 수 있는 가장 효과적인 것은 우리가 부름 받은 대로 가는-성자 예수님과 더불어 교제하는-것이다. 우리는 바울이 고린도전서 1:4-9에 쓴 것과 같이, 참고 견디며 다른 이들이 위대한 하나님께 가장 큰 기쁨을 드리는 것에 더욱더 박차를 가하도록 격려하여야 한다.

> 그리스도 예수 안에서 너희에게 주신 하나님의 은혜를
> 인하여 너희를 위하여 항상 하나님께 감사하노니
> 이는 너희가 그의 안에서 모든 일
> 곧 모든 구변과 모든 지식에 풍족하므로
> 그리스도의 증거가 너희 중에 견고케 되어
> 너희가 모든 은사에 부족함이 없이
> 우리 주 예수 그리스도의 나타나심을 기다림이라
> 주께서 너희를 우리 주 예수 그리스도의 날에
> 책망할 것이 없는 자로 끝까지 견고케 하시리라
> 너희를 불러 그의 아들 예수 그리스도 우리 주로 더불어
> 교제케 하시는 하나님은 미쁘시도다

내가 말하고자 하는 것은 총명함이 어두워지고 추리력이 사라지게 된

사람들은 논리로 마음이 움직이지 않는다는 것이다. 이 땅 위에서 하나님께 더 가까이 가려는 사람들보다 더 강한 영향력은 없을 것이다. 그들은 모든 것에서 예수님을 나타내고 높일 것이고, 우리는 주님이 방문하실 때 그분에게 이끌릴 것이다.

믿기 위해 이해하는 것인지 이해하기 위해 믿어야 하는 것인지에 대한 것은 이미 오래된 논쟁이다. 양쪽 다 어느 정도 사실이다. 그러나 보통 후자가 전자를 우선한다. 마귀는 사람들이 성령의 도움이 없이는 볼 수 없도록 그들의 눈에 베일을 쳐 놓았다. 그러나 마귀가 놓은 베일은 성령의 도움으로 쉽게 통과할 수 있다.

나는 개인적으로 아인슈타인, 스테판 W. 호킹 등의 연구를 읽는 것을 즐긴다. 이 위대한 사색가들은 하나님을 부정할 정도로 어리석지는 않지만 그저 단순히 주님이 하신 것을 어떻게 하셨는지 알고 싶을 뿐이다. 아인슈타인의 저서 중에 요한이 복음 첫 장에서 주님을 묘사했던 하나님의 말씀을 분명하게 알고 있는 듯한 부분이 있다. 단지 아인슈타인은 주님이 육체가 되셔서 우리들 사이를 걸으셨다는 것을 알지 못했다. 바울이 로마서 첫 장에 주님은 만들어진 것들을 통해 분명하게 보여진다고 표현한 것은 정확한 것이다.

그러나 하나님이 계시다는 것을 아는 것만으로는 충분하지 않다. 우리는 하나님이 왜 우리를 창조하시고 어떻게 우리와 관계를 맺기 원하시는지를 알아야 한다. 이것은 오직 십자가를 통해서 이루어지는 하나님과 우리와의 관계 회복에서 시작된다. 구속(atonement)은 하나된(at-one-ment) 또는 '재결합의 길'이라는 의미가 있다. 하나님과의 관계가 회복되지 않은 채로 단지 하나님이 존재하신다는 것을 아는 것은 여전히 우리가 허망함과 어둠 속에 남아 있다는 것이다.

# 37장 마음을 새롭게 하라

　공부할 다음 구절에서는 모든 어둠과 허망함을 몰아내고 우리의 마음을 새롭게 하기 위하여 무익한 생각에서 어떻게 일어서는가를 배울 것이다.
　"그리스도를 배우는" 사람들은 바로 주님이신 진리와 의와 거룩함을 사랑하는 자들이다. 이러한 것들은 우주에 대한 참된 지식에 이르는 준비이다. 우주는 실제로 진리와 의로 창조되었다. 우주 안의 부패와 부조화는 오직 타락으로 인함이다.
　그렇다면 교회에서 이 "우리 마음을 새롭게 하는" 일이 일어나고 있는가? 많은 연구들이 지난 30년 동안 교회의 도덕성과 정직성이 실제로 녹아서 사라지고 있다는 것을 보여 주고 있다. 일반적으로 교회는 그리스도의 형상보다는 세상의 형상과 결탁하는 크리스천과 때로는 마귀들과 함께 반

에베소서 4:20-24이 이것을 알려 준다.

오직 너희는 그리스도를 이같이 배우지 아니하였느니라
진리가 예수 안에 있는 것 같이 너희가 과연 그에게서 듣고
또한 그 안에서 가르침을 받았을 진대
너희는 유혹의 욕심을 따라
썩어져 가는 구습을 좇는 옛 사람을 벗어 버리고
오직 심령으로 새롭게 되어
하나님을 따라 의와 진리의 거룩함으로
지으심을 받은 새 사람을 입으라

대 방향으로 가고 있었다. 그것에 대해 무엇인가를 시도하려는 목자는 거의 없었고, 경비병을 자처하는 사람들은 경종을 울리기보다는 오히려 다른 크리스천들을 공격하는 데 더 많은 시간을 보냈다. 서방 기독교 신앙은 지금 가장 심각한 위기를 맞고 있다.

크리스천들은 세상에서 가장 자유하고 창조적인 사람들이어야 한다. 창조주를 알고 그의 형상으로 변해가는 사람보다 더 창조적인 사람은 있을 수 없다. 왜 교회들이 지루하게 획일화되어 가고 창조성이 결여되어 가는가? 교회의 일반적인 성향의 대부분이 세상보다 일, 이십 년 뒤떨어진 서투르게 이루어진 세상 성향의 취약한 복사판이다. 왜? 이것은 우리 중심에 창조주의 생명이 없음을 반영하는 것이다.

기독교 신앙의 가장 큰 비극은 근본적으로 대부분의 교회를 지배하고 있는 진정한 "의와 진리의 거룩함"을 종교적 의식이 대신하는 종교의 영에 기인한다. 종교의 영은 인간의 두려움으로 인해 능력을 부여 받는다. 종교의 영은 우리로 하여금 하나님과의 진정한 관계 안에서 성장하는 것

보다 다른 이들의 인정과 승인을 구하게 만든다. 이런 방법이 "심령으로 새롭게" 해야 하는 우리의 길을 대신한다. 새롭게 된다는 것은 새로운 것을 생각한다 혹은 다르게 생각한다는 의미이다. 남들이 당신을 어떻게 생각하는가에 전적으로 신경을 쓴다면 당신은 새롭게 될 수 없다.

우리는 우선 마지막 시대에 그리스도를 대신하여 세상을 지배하기 위해 돌아다니는 적그리스도의 영을 경계해야 한다. 그 영은 실제로 하나님의 성전인 교회에 자리를 차지하고 자기가 그리스도 혹은 기름부음을 받은 자라고 주장하고 있다. 교회에 그의 자리를 펴고 있는 거짓 기름부음을 우리는 분별해야만 한다. 이것은 세상의 영이며 진정한 거룩함의 자리를 속된 것에 내어주는 것이다.

진정한 거룩함은 우리가 그분의 영광을 보고 영광에서 영광으로 그분의 형상으로 변화되는 것의 결과이다. 이것이 우리가 세상적인 마음을 가진 자와는 점차적으로 다르게 보고 생각하는 새로워지는 과정이다. 세상적인 마음을 가진 자들은 살아계신 하나님이 아닌 종교와 관계를 맺고 있는 종교적인 사람들이라는 것을 알아야 한다.

진징한 거룩함은 하나님과 우리의 관계에 기초를 둔다. 단지 성경에 써 있는 법칙들을 해석하고 따르는 것이 아니다. 신약은 말씀이 다른 율법이 되도록 의도하지 않았다. 우리가 순종하여야 할 명령이고 지켜나가야 할 지침이다. 그것은 하나님이 우리를 창조하신대로 우리가 되도록 우리에게 자유를 주기 위해 주어진 것이다. 이 자유는 육체를 위한 기회가 아니다. 그것은 우리가 누구인가에 대한 것이기 때문에 주어진 의와 거룩함을 위한 선택의 자유이다.

하나님의 진정한 거룩함 속에서 자란다는 것은 하나님의 가장 고귀한 피조물, 즉 인간의 진정한 고결함과 영광을 세상에 드러내는 것이다. 위엄과 은혜가 배어 나오는 '거룩함의 아름다움'이 있다. 이 아름다움을 본 사람들은 그것이 본래 창조된 바로 성품을 보고 놀랄 것이다. 진정한 거룩함은 종교적 의식에 있는 것이 아니고, 또 비교하는 것으로 다른 이들의 노력을 헛되이 만드는 세상적이고 육체적인 행동과는 거리가 먼 위엄과 은혜를 찾는 것에 기초한다.

진정한 거룩함은 다른 이의 관심을 끌기 위한 목적으로 달라 보이고자 하는 것이 아닌 진실로 창조적인 자신감을 우리에게 준다. 관심을 얻으려는 목적을 지닌 창조성은 언제나 깊지 못하다. 창조주를 아는 것으로부터 온 창조성은 그 위에 하늘의 인치심이 있다.

이 시대가 끝나기 전에 주님은 순수하고 흠 없는 신부를 맞을 것이다. 신부는 두려움이나 종교적 의식의 구실로 참여하는 것이 아니라 주를 기쁘게 할 모든 것으로, 그녀를 드린 주님에 대한 불타는 사랑으로 참석할 것이다. 이 신부는 가장 깊은 어둠이 지구를 덮기 시작하고 있는 바로 지금 이 시간에 준비되고 있다. 신부의 빛이 더 밝게 빛나는 것은 이 어둠 때문이다. 이 모든 피조물들이 거대한 어둠을 벗어나 이겨내게 될 영광스러운 교회의 지체가 되기 위해 참고 견딘다. 결국 이 사람들을 그분과 함께 통치할 가치 있는 자로 영원히 공표될 것이다. 여러분은 이 신부들 중 하나로 부름을 받았다. 여러분이 해야 할 이보다 더 좋은 것이 있는가?

# 38장

## 진리를 사랑하라

　진리와 실수를 생각할 때 우리는 그것을 교리적인 진리와 실수에 연관시킨다. 교리적인 진리, 물론 중요하다. 그러나 진리 속을 걷는다는 것은 단지 교리적인 진리보다 더 많은 것이 요구된다. 우리가 모든 교리들을 정확하게 공부할 수는 있다. 그러나 남과의 관계에서 사기치고 속이는 경향이 있다면 우리는 속임수를 쓰며 하나님의 나라 대신 어둠의 왕국을 일으키는 짓을 하는 것이다.

　하나님의 나라와 어둠의 왕국의 가장 기본적으로 비교되는 것 중 하나는, 하나님의 나라는 진리에 있고, 악한 것의 힘은 속임수에 있다는 것이다. 그러므로 우리가 하나님의 나라를 더욱더 견고하게 세우면 세울수록 더욱더 진리에 헌신하여야 한다. 마찬가지로 우리가 우리의 생활에 남아있도록 이 장의 과제는 에베소서 4:25이다.

그런즉 거짓을 버리고 각각 그 이웃으로 더불어
참된 것을 말하라 이는 우리가 서로 지체가 됨이니라

허락한 모든 속임수는 악한 것을 우리의 삶으로 들어오도록 열어 놓은 문과 같다.

지금의 세상은 속임수로 가득 차 있기 때문에 우리가 가질 수 있는 가장 귀한 보물은 진리이다. 우리가 가질 수 있는 또 다른 위대한 선물은 생활 속에서 우리가 나아갈 방향을 알려주는 진리와 거짓을 구별하는 능력이다. 그러므로 진리를 구하는 것과 진리를 분간하는 분별력은 모든 크리스천의 기본적인 신앙심이 되어야 한다. 이것을 위한 기초는 삶 속에서 타협하지 않고 진리에 헌신하는 것이다.

데살로니가후서 2:10에서 들은 바와 같이, 마지막 때에 속지 않는 자가 진리를 가진 자가 아니라, "진리의 사랑"을 가진 자가 진리를 가진 자이다. 진리를 가진 것과 진리를 사랑하는 것 사이에는 큰 차이가 있다. 우리는 진리를 원한다. 그러나 우리의 지위를 증명하기 위해 혹은 교리적인 실수를 한 사람이나 교회를 공격하기 위한 악한 이유로 교리적인 진리를 원할 수도 있다. 진리에 대해 신실한 사랑을 가지고 있는 사람들

더 견고한 반석 229

은 그들이 진리를 사용할 때 사랑 안에서 행한다. 이때 우리는 다른 이들을 공격하기 위해서가 아니라 그들을 자유하도록 돕기 위해 위임 받은 진리를 사용하게 될 것이다.

가끔 사람들을 미혹하는 하나의 속임수는 마음에 있지 않은 것을 하는 것은 위선이라는 거짓이다. 많은 사람들이 그들이 자신의 욕망을 따르지 않는다면 자신의 진정한 마음을 따르는 것이 아니라고 느끼기 때문에 그들은 마약 사용에 빠지고 부정한 섹스에 빠진다. 이것이 어떤 이들에게는 어리석게 보이겠지만 그러나 속임수는 바로 현혹시키는 것이다. 많은 이들이 이런 종류의 어리석음에 빠진다. 그러나 이러한 것에 빠지는 것은 진리를 진정으로 사랑하는 자가 아니라는 것을 보여 주는 것이다. 주님이 우리를 돕지 않는 한 우리 중 누구도 진리를 알 수 없다.

아담과 이브가 타락한 이후 숨으려고 했을 때 그것은 진리로부터 도망가려는 성향이 나타난 것이었다. 그들이 하나님께 발견되었을 때 그들은 진리를 구하지 않고 인간의 성품에 빠져 그들의 죄에 대한 책망을 전가할 것만 찾았다. 그러나 하나님은 변명을 용서하시지 않는다는 것을 명심해야 한다. 하나님은 죄를 인정할 때 용서하신다. 진리에 헌신한 삶은 우리의 범죄함과 잘못을 인정하는 것에서 시작된다. 아직도 그것을 숨기려 하고 그것에 대한 책망을 피하려 한다면 우리는 아직 진리를 사랑하는 것이 아니다.

우리가 죄에 빠져 있을 때 '우리 마음 속'에 있는 것을 하는 것이 '솔직한' 사람이 되는 것이 아니다. 우리는 육적으로 죄성을 가진 사람이다. 우리가 느끼는 것을 행하는 것은 어떻게 진리 속을 걸을까 생각하는 것이 아니라, 어떻게 그리스도를 부정하는 악한 타락한 성품 속을 걸을까 하는 것이다. 진리는 느낌이 아니다. 진리는 인격이시다. 예수님은 진리이시다. 진리 속을 걷는 것은 그분 안에 사는 것이다. 예수님께서 하시는 것을 우리는 하도록 강요 당한다고 느끼는가?

주님은 요한복음 17:17에서 "저희를 진리로 거룩하게 하옵소서 아버지의 말씀은 진리니이다"라고 기도하셨다. 우리가 하기를 원하는 것이기 때문에 육적인 욕망을 따른다는 것은 우리 자신에게 진실한 것이 아니라 이브를 속인 바로 그것, 본원적인 거짓에 굴복하는 것이다. 로마서 8:5-9에서처럼 육신을 따라 사느냐 혹은 영으로 사느냐 하는 것은 실제로 우리가 누구인가에 진실한가 아닌가 하는 문제가 아니다.

> 육신을 좇는 자는 육신의 일을 영을 좇는 자는
> 영의 일을 생각하나니
> 육신의 생각은 사망이요 영의 생각은 생명과 평안이니라
> 육신의 생각은 하나님과 원수가 되나니
> 이는 하나님의 법에 굴복치 아니 할 뿐 아니라
> 할 수도 없음이라
> 육신에 있는 자들은 하나님을 기쁘시게 할 수 없느니라
> 만일 너희 속에 하나님의 영이 거하시면
> 너희가 육신에 있지 아니하고 영에 있나니
> 누구든지 그리스도의 영이 없으면
> 그리스도의 사람이 아니라

진리 속을 걷기 위해 우리는 "우리 자신을 부정"해야 하고, 우리의 타락 그리고 육적인 성품들을 십자가에 못박고, 하나님께 복종하고 그분을 즐겁게 하는 것이 우리가 가진 어떤 다른 개인적인 즐거움보다 우리에게 더 중요하다는 것을 깨달아야 한다. 요한복음 14:6에서 주님이 말씀하시기를 "내가 곧 길이요 진리요 생명이니 나로 말미암지 않고는 아버지께로 올 자가 없느니라." 요한복음 4:23-24에서 말씀하시기를 "아버지께

참으로 예배하는 자들은 신령과 진정으로 예배할 때가 오나니 곧 이 때라 아버지께서는 이렇게 자기에게 예배하는 자들을 찾으시느니라. 하나님은 영이시니 예배하는 자가 신령과 진정으로 예배할지니라."

이번 장의 과제가 우리에게 열심으로 "모든 거짓을 내려놓으라" 권하는 것처럼, 이것은 우리가 성경에 의해 분명히 금지되어 있는 것과 우리 안에 살아계신 하나님의 성령에 대한 불법을 정당화함으로 우리 스스로를 속이는 성향을 내려놓음으로 시작된다. 요한복음 3:21에 "진리를 좇는 자는 빛으로 오나니 이는 그 행위가 하나님 안에서 행한 것임을 나타내려 함이라."라고 쓰여 있다.

요한복음 8:32에 "진리를 알지니 진리가 너희를 자유케 하리라."고 말씀하셨다. 여러분은 너무 거룩하게 창조되었고 가장 높은 하나님의 자녀로 높임을 받도록 창조되었기에, 당신은 생명과 몸을 주신 분인 만왕의 왕보다 원수의 천한 거짓에 굴복하고 원수에게 복종하는 것을 지속할 수 없다는 것이 진리이다. 이제 이것에 대한 또 다른 적용인 다음의 두 구절 에베소서 4:26-27을 보자.

> 분을 내어도 죄를 짓지 말며 해가 지도록 분을 품지 말고 마귀로 틈을 타지 못하게 하라

이것은 유용한 질문을 하게 한다. 화가 나도 죄를 짓지 않을 수 있을까? 답은 '그렇다' 이다. 우리는 주님처럼 되도록 그리고 그분 안에 거하도록 부르심을 받았다. 주님은 매우 명백히 어떤 일에는 화를 내신다. 그러므로 우리 역시 의로운 분노를 가질 수 있다.

하나님을 분노하게 하는 것이 어떤 것들인지를 깨닫기를 바란다. 그들 중 어떤 것은 공정하지 않고 의롭지 못하며 왜곡되어 있고 약한 자들

을 이용하려는 것들이 있다. 주님의 분노에 대한 연구는 모든 크리스천에게 중요하다. 여러분이 이것을 살펴본다면 아마도 하나님을 분노케 하는 것들에 많이 놀랄 것이다.

예를 들면, 하나님의 백성을 자유케 하기 위해 모세를 불러 애굽으로 가라 명하자 자기는 그러한 위대한 일에 적합하지 않다고 대답했을 때 하나님의 분노는 "모세를 향해 타올랐다."(출애굽기 4:14)라고 되어 있다. 이것은 겸손함같이 보일 수 있다. 주님은 겸손한 자에게 그의 은혜를 주실 것을 약속하셨기에 왜 주님이 이것으로 모세에게 화를 내셨는지 이해하기 어렵다. 그러나 이것은 진정한 겸손이 아니라 오히려 교만의 모습이었다. 실제 모세의 이 대답은 주님이 그를 택하여 하시고자 하시는 것을 잘 모르고 계신 것이 아닌가 하는 것이었다. 모세는 이 대답으로 자신의 부당성이 주님의 타당성보다 크다는 것을 말하고 있었다.

분명한 진리는 모세는 실제로 그 과업에 부적당했다는 것이다. 우리 모두도 하나님이 우리가 하도록 부르신 것에 그러하다. 우리 스스로 이미 적당하다면 우리는 그분이 필요치 않다. 그러므로 모세가 보여 준 것과 같은 거짓 겸손의 형태는 지도력에 가장 파괴적인 교만의 종류의 기본적인 예이다. 이와 같은 논리는 주님이 택한 자들은 스스로 적합해야 한다는 것을 전제로 만든다. 이것이 바로 인간이 옳은 일을 하는 지혜와 선함을 모두 가지고 있다고 가정하는 인본주의의 뿌리이다. 인간 역사의 사실 중에 가장 놀라운 속임수이다.

의로운 분노는 있지만 우리는 해가 지도록 분을 품지 않도록 권함을 받는다. 그것은 우리가 자러 가기 전에 그러한 문제들을 해결해야 한다는 의미이다. 이것은 모든 관계에서 법칙이 되어야 한다. 주님의 분노가 모세를 향해 타올랐을 때조차도 주님은 즉시 그 문제를 해결하셨다. 주님은 또한 모세의 어리석음으로 그를 내치지 않으셨다. 하나님이 싫어하시는 가장 의롭지 못한 일을 추진하는 사람일지라도 주님은 아직도 그를 사랑하신다. 주님은 하물며 이사벨에게도 회개할 시간을 주셨다고 말씀하신다(요한계시록 2:20-21). 주님은 진정으로 모든 사람이 회개하고 구원 받길 소망하신다. 그럼에도 주님은 우리의 죄에 분노하신다.

우리는 위의 구절에 있는 권면이 화를 낼 때 죄를 짓는 위험에 빠질 수 있다는 경고라는 것을 생각해야 한다. 역사적으로 분명히 가장 나쁜 범죄와 극악 무도한 행위는 제어할 수 없는 분노의 결과였다. 이것은 중요한 문제이기에 바울이 디도에게 교회에서 장로가 될 수 있는 사람에 대한 자격을 줄 때 "감독은 하나님의 청지기로서 책망할 것이 없고 제 고집대로 하지 아니하며 급히 분내지 아니하며"(디도서 1:7)라고 말했다. 그러므로 "급히 분을 내는" 것은 교회에서 리더가 될 자격이 없는 것이다. "분을 내어도 죄를 짓지 말라"는 것은 우리가 화를 낼 수는 있지만 분노가 우리를 조종하게 하지 말라는 의미이기 때문에 우리는 분을 조종해야 한다.

주님의 촉망 받는 위대한 사도들 중 둘은 주님을 거부하는 사람들 위에 불을 떨어뜨리길 원했다. 주님은 그들이 어떤 영으로 말하는지도 모르는 그들을 꾸짖으셨다. 주님은 당신을 십자가에 못 박은 이들에게조차도 아버지께 저들을 벌하지 말아달라고 청하시며 그들을 용서하셨다. 의로운 분노는 이기적인 것이 아니어야 한다. 그것은 우리가 공격 받았거나 거부 당해서 일어나는 것이 아니다. 그것은 사람이 악한 것에 의해 상처 입고, 속고, 유혹 당함으로 일어나는 것이다. 공격이나 거부에 의해 발생하는 분을 충분히 조절할 수 없을 정도로 성숙하지 못한 사람은 교회에서 지도력 있는 자리에 있을 만큼 충분히 성숙한 것이 아니다. 의롭지 못한 분노에 의한 죄는 많은 사람들에게 상처를 준다. 그리고 하나님의 성품과 진리의 길에서 떠나있는 것이다. 우리가 진리를 사랑한다면 화평과 오래 참음을 포함한 성령의 모든 열매를 사랑하게 될 것이다. 공부하여야 할 다음 구절인 에베소서 4:28에서 바울은 하나님의 진리의 도에 기초한 더 많은 길들을 말하고 있다.

> 도적질하는 자는 다시 도적질하지 말고
> 돌이켜 빈궁한 자에게 구제할 것이 있기 위하여
> 제 손으로 수고하여 선한 일을 하라

## 39장

## 수고함 아니면 도둑질

"도적질하지 말라"는 것은 의에 대한 하나님의 기준의 기초이고, 우리가 살아가야 하는 올바른 길을 가르쳐 주는 십계명 중 하나이다. 도둑질은 정의와 공평함에 기본적으로 대립되는 것이기 때문에 하나님의 성품과는 반대되는 것이다. 도둑질의 반대 의미는 우리가 필요한 것을 위해 수고하는 것뿐 아니라 빈궁한 자에게 구제할 것을 주는 것이다. 이것은 우리가 진리이신 그분 안에 거하기 때문이고, 또한 주님이 주시기 위해 오신 사랑이시기 때문이다. 그러므로 수고하여야 하는 우리의 헌신은 단지 '먹고 살기' 위한 것보다 더 나아가 다른 이들을 돕기 위한 것이다.

인간은 하나님과 친분을 갖고 땅을 경작하며 다스리도록 창조되었다. 우리는 간단히 친구 관계를 맺는 것과 일하는 것을 위해 창조되었다고 말할 수 있다. 의미 있는 노고에 종사하지 않는 사람은 어리석게 될 것이라는 것은 이해할만하다. 우리는 삶 속에서 뜻 있는 노고를 하도록 창조되었다는 것과 그것을 부정한다면 인간으로서의 우리의 정체성의 중심을 침범하는 것이다.

우리는 이것을 우리가 만족하고 우리 안에 화평을 줄 수 있는 뜻 있는 일에 종사하는 것으로 생각할 수도 있다. 궁극적으로 가장 의미 있는 노고는 그리스도의 몸의 지체로서 우리의 기능을 실행하며 우리가 해야 할 직분을 이행하는 것이다. 또한 가장 '의미 있는' 수고는 가장 거룩한 목적을 위한 것으로 욕심 없이 남에게 주는 것이다.

'의미가 있다'는 것은 꼭 우리가 즐겁고 하기 원하는 일을 뜻하는 것은 아니다. 우리의 성취감은 과업 그 자체에서 오는 것이 아니라 해야 할 필요가 있는 것을 이루어낸 것으로부터 온다. 타락 이후 인간에게 떨어진 저주는 '크고 고통스런 애씀으로' 이루어진 노고의 '고통' 이었다. 저주는 노고 자체가 아니라 생산된 결과에 비해 불필요하게 어려운 것을 해야 하는 것이다. 생활 수단으로 신실하게 수고하는 많은 사람들이 아직도 성취되어진 결과보다 더 많은 수고를 하여야 하는 저주 아래 놓여있다. 예수의 십자가로 우리를 위해 이루어진 특혜 중 하나는 고통의 저주를 포함하여 모든 저주가 제거된 것이다. 이것이 어떻게 이루어졌는가?

우리는 이것이 더 나은 직업 혹은 더 높은 수입이 있는 일을 갖는 것 등등에 의해 성취될 것이라고 생각하는 경향이 있다. 그러나 그것은 결코 그렇지 않다. 처음 크리스천이 되었을 때 나는 단조롭고 고된 건축 노동일을 하고 있었다. 처음 단순 노동자로 시작했을 때 그 일은 힘든 노동일 뿐 아니라 더럽고, 덥고, 돈도 조금 받는 일이었다. 그때 나는 내가 참여하여 만드는 건물이 주님이 거하시기 위한 곳이라는 생각을 가지고 일하기로 했다. 그렇게 마음을 먹으니 일을 빨리 이루고 싶어 매일 아침마다 일터로 가는 것을 기다릴 수가 없을 지경이었다. 나에게 주어진 모든 일에 특별한 헌신이 강점이 될 수 있다는 것을 알게 되었다. 이것이 고용주가 나의 발전을 위해 정상적인 진급보다 훨씬 빠른 진급을 할 수 있도록 나를 훈련시키는 계기가 되었다. 2년이 안되어 나는 완전한 도제 목수로서의 봉급을 받았다. 이것은 노동 조합에 속한 일은 아니었지만 내가 일했던 회사에 4년이 안 걸려 이만큼 빠르게 진급한 사람이 없었다. 그것은 통상적으로 6년이 걸리는 일이었다. 내가 다른 이들보다 더 나은 것도 더 똑똑한 것도 아니었다. 그러나 나는 나의 마음가짐으로 인해 진취적이 되었다. 무엇보다도 중요한 것은 나의 직업에 대한 놀라운 성취감과 만족감을 가지고 살았다는 것이다.

우리의 목표는 고통을 제거하는 것이 아니라 그 안에 있는 저주를 제거함으로 우리의 노고가 생산적이고 만족시키는 것이다. 이것을 이루는 가장 기본적인 길은 모든 하는 일들을 경배로 바꿈으로 이루어진다. 저주가 제거된 길은 우리에게 놀라움을 선사할 것이다.

대부분의 사람들은 자신과 가족을 위한 삶에 필요한 것을 공급하기 위해 일터로 간다. 이것은 수고에 대한 좋은 예가 되지만 이번 장의 이 구절에서 받을 권고는 아니다. 수고는 필요한 사람들과 나누기 위한 것이다. 이것이 크리스천의 사랑이다. 남을 위해 무엇인가 하는 것은 실제로 우리가 가장 만족할 수 있는 일 중 하나이고 주님을 모르는 사람들조차도 박애주의자가 되는 이유다. 주는 것에는 놀라운 만족이 있다.

일할 수 없는 사람들이 있다. 주님은 또한 우리가 항상 가난한 사람들과 있을 것이라고 말씀하셨다. 분명히 게으르고 무책임한 가난한 사람이 있다. 그러나 세상의 가난한 사람들의 대부분은 가난한 삶 외의 다른 것을 할 수 없는 조건으로 태어났다. 야고보는 하나님이 믿음에 풍성하도록 가난한 자들을 택하셨다고 말한다(야고보서 2:5). 우리는 결코 가난한 사람들을 무시해서는 안 된다. 믿음에 풍성하도록 부름 받은 그들을 섬기는 것이 영광이요 특권이라고 생각해야 한다.

우리는 가장 작다고 여겨지는 많은 일들-주부가 되는 것 혹은 아이들을 기르는 데 전념해야 하는 어머니가 되는 것 등-이 이 땅 위에서 가장 중요한 일들이라는 것을 알아야 한다. 그리스도 안의 모든 어머니들은 장차 지구를 통치할 미래의 왕과 여왕들을 기르는 말로 표현할 수 없는 명예가 주어진 '황후'이다. 이것보다 더 중요한 것이 무엇이 있을 수 있을까? 그들은 이 과업에 대해 곧바로 급여를 받지는 못하지만 누가 과연 그것에 값을 매길 수 있을까? 단지 이름뿐인 세상의 전문직으로 직위를 높이기를 원하는 이유는 뭘까? 나는 분명 전문직을 가진 여성에 대해 반대하는 것은 아니다. 그러나 우리는 항상 첫 번째인 것을 첫째로 놓아야 한다. 부모로서의 우리의 직업은 우리가 가질 수 있는 그 어떤 직업보다 더욱더 명예롭고 그리고 책임감이 있어야 하고 또한 가장 만족을 느낄 수 있는 일이다. 내 소견으로는 남자들은 여성들이 집에 머물며 정말 중요한 일, 더욱 명예로운 일을 할 수 있도록 제공하는 사람이 되도록 부름받았다고 본다. 훌륭한 아이들보다 어떤 것이 부모에게 더 큰 명예를 주겠는가?

우리의 수고의 진정한 목적은 항상 다른 이들을 축복하는 것이라는 것을 기억해야 한다. 우리의 직업이 이러한 이유를 위해 이루어질 때 고통은 멈추고 영광스럽고 충만한 경배의 통로가 된다.

## 40장

### 세우는 말들

일전에 이 구절에 대해 짧게 설명했었다. 그러나 이것은 더욱 깊게 연구할 가치가 있다. 우리의 모든 말들이 찢고 부수는 대신 세우기 위해 사용되어지고, 의심 대신 믿음과 희망을 전하고, 두려움과 분열 대신 사랑과 평화에 사용되어진다면 우리의 인생이 얼마나 다른 삶이 될 것인가 생각해 보라. 이 한 가지가 혼돈의 소란으로부터 교회를 그것이 부름 받은대로 특별하고 경이롭고 능력 있는 가족 집단으로 변화시킬 수 있다.

잠언 18:21은 "죽고 사는 것이 혀의 권세에 달렸나니"라고 말하고 있다. 우리 몸의 그렇게 작은 지체가 어떻게 그런 큰 힘을 가질 수 있을까? 말이란 군대나 정치가들이 가질 수 있는 것보다 더욱더 분명하게 운명을 조종하는 세상에서 가장 능력 있

공부할 다음 구절 에베소서 4:29에 대한 순종보다
우리 인생의 좋은 것에 더 근원적으로 영향을 미치는 것은
거의 없다고 본다.

무릇 더러운 말을 너희 입밖에도 내지 말고 오직 덕을 세우는 데
소용되는 대로 선한 말을 하여 듣는 자들에게 은혜를 끼치게 하라

는 힘이다. 이것이 야고보가 "…만일 말에 실수가 없는 자면 곧 온전한 사람이라 능히 온몸도 굴레 씌우리라"(야고보서 3:2)라고 말한 이유다. 잠깐만 깊게 생각해 보자. 우리가 혀를 조절할 수 있다면 우리는 완전해 질 수 있고 뿐만 아니라 우리의 온몸을 조절할 수 있을 것이다. 우리가 마태복음 12:34에서 들은 것처럼 "이는 마음에 가득한 것을 입으로 말함"이기 때문이다. 그러므로 야고보서 3:3-8이 확인해 주고 있는 것과 같이 마음이 깨끗하여야 우리의 입이 오직 깨끗한 것만을 말할 수 있다.

> 우리가 말을 순종케 하려고 그 입에 재갈 먹여
> 온 몸을 어거하며 또 배를 보라 그렇게 크고 광풍에 밀려
> 가는 것들을 지극히 작은 키로 사공의 뜻대로 운전하나니
> 이와 같이 혀도 작은 지체로되 큰 것을 자랑하는도다
> 보라 어떻게 작은 불이 많은 나무를 태우는가
> 혀는 곧 불이요 불의의 세계라 혀는 우리 지체 중에서

온 몸을 더럽히고 생의 바퀴를 불사르나니
그 사르는 것이 지옥 불에서 나느니라
여러 종류의 짐승과 새며 벌레와 해물은 다 길들므로
사람에게 길들었거니와
혀는 능히 길들일 사람이 없나니 쉬지 아니하는 악이요
죽이는 독이 가득한 것이라

여기 기술한 것처럼 우리의 혀가 실제로 우리 인생의 길을 결정하여 주는 것이 사실이라면 우리는 우리의 혀가 죽음 대신 생명을 주고, 고통과 분열 대신 사랑과 평화를 주는 것에 쓰이도록 얼마나 더 많이 헌신해야 할까? 우리는 갈라디아서 6:7에서 들은 말씀을 기억해야 한다. "스스로 속이지 말라 하나님은 만홀히 여김을 받지 아니하시나니 사람이 무엇으로 심든지 그대로 거두리라." 그러므로 생명과 믿음을 거두기 원한다면 생명과 믿음을 심을 필요가 있다. 은혜와 자비를 거두기를 원한다면 은혜와 자비를 심어야 한다. 우리가 고통과 분열을 심는다면 그러한 것들이 우리에게 돌아올 것이다. 우리의 말로 우리는 우리가 거둘 것을 심는다.

이것이 우리의 삶에서 해야 하는 가장 중요한 일 중 하나가, 말하는 것을 조절하도록 배우고, 다른 이들을 훈도하고 세우는 것들을 말하고, "우리의 입에서 불건전한 말이 나오지 않도록" 결단하는 것이 되는 이유다.

우리의 말을 조절하고 인생에 더욱 긍정적인 길을 놓기 시작할 수 있는 하나의 방법은 말을 금식하는 것이다. 금식은 우리 자신을 겸손하게 만드는 성경적인 방법이다. 하나님은 그의 은혜를 겸손한 자에게 주신다. 말의 금식이란 우리의 대화를 단지 우리의 직업이나 다른 기초적인 의무를 시행하기 위한 근본적인 것에 대한 것만으로 절대적으로 줄이겠다고 결단하는 것이다. 음식을 금식하는 것처럼 아마도 짧은 기간의 금식으로 시작하여 점차 길게 하는 것을 권하고 싶다. 이것이 당신의 마음으로부터 나오는 것을 조절하도록 도울 뿐 아니라 하나님의 더하신 특혜가 당신에게 은혜로 주어질 것이다.

  말에 대한 금식의 목표 중 하나는 말을 할 때 항상 50% 정도로 말을 줄이는 것이다. 이렇게 할 때 다른 이들이 여러분을 존경하기 시작할 것에 놀랄 것이다. 그리고 더욱 큰 지혜 있는 자가 될 것이다. 이것을 다음의 구절들을 통해 알 수 있다.

> 말이 많으면 허물을 면키 어려우나
> 그 입술을 제어하는 자는 지혜가 있느니라(잠언 10:19)
> 말을 아끼는 자는 지식이 있고
> 성품이 냉철한 자는 명철하니라.
> 미련한 자라도 잠잠하면 지혜로운 자로 여겨지고
> 그 입술을 닫으면
> 슬기로운 자로 여겨지느니라(잠언 17:27-28)

말을 조절하기 시작할 때 우리는 우리의 말 하나 하나를 다른 이들을 세우기 위한 목표에 맞추기 위해 아주 조심스레 다루어야 하는 중요한 탄환으로 여기게 될 것이다. 그러면 우리는 사용하던 말의 10% 정도만 할 수 있게 될 것이다. 우리는 더욱더 좋은 열매를 맺게 될 것이다. 혀를 제어하는 것을 배운 사람들은 놀라운 예언적 기름부음을 받을 수 있는 사람들이다. 그 이유는 그들이 '엉성한 대포'가 아닌 예언적 권능의 말로 목표물을 명중시키는 법을 알기 때문이다.

# 41장

## 성령을 근심케 말라

　우리는 거룩하신 성령님의 성전이기 때문에 우리가 사는 동안 우선적으로 노력해야 하는 것은, 어떻게 성령님을 대접하기에 알맞은 주인이 될 수 있는가를 배우는 것이다. 그분을 신성하게 하고 기쁘게 하는 것이 무엇일까? 그분을 슬프게 하는 것은 무엇일까?

　분명히 우리는 "성령을 근심케 하지 않도록" 굉장한 노력을 해야 한다. 그러나 실제로 이것을 어떻게 하여야 하는가를 생각하는 사람은 거의 없는 것 같다. 사실 내가 이제까지 들어온 성령을 근심케 하는 것들에 대한 거의 모든 훈계는 주님이 하시기 원하는 것을 사람들이 방해하는 경향에 대한 것이었다. 무슨 이유인지 나는 그것이 그분을 근심케 한다는 생각이 들지 않는다. 무엇보다도 우리의 다음 과제는 에베소서 4:30-32이다.

하나님의 성령을 근심하게 하지 말라
그 안에서 너희가 구속의 날까지 인치심을 받았느니라
너희는 모든 악독과 노함과 떠드는 것과 훼방하는 것을
모든 악의와 함께 버리고
서로 인자하게 하며 불쌍히 여기며
서로 용서하기를 하나님이 그리스도 안에서
너희를 용서하심과 같이 하라

오래 참음이 성령의 중요한 열매 중 하나 아닌가? 분명히 주님은 단지 방해로 슬퍼하시지 않을 충분한 참음을 가지고 계시다. 위에서 그를 근심케 하는 것들은 악독, 분냄, 노함, 떠드는 것, 훼방하는 것, 혹은 악의라고 말씀하신다. 이것들이 우리 생활에 남아 있는 정도에 따라 우리 안에 있는 주님의 처소를 편하지 못한 곳으로 만들게 되는 것이다. 악독은 근본적으로 용서하지 않는 것에 있다. 분노는 잘못이나 잘못이라고 인지된 것과 관계가 있다. 노함은 우리의 권리나 이익이 어느 정도 침범을 당했을 때 대체적으로 받는 느낌의 결과인 기본적 이기심이다. 떠드는 것은 위의 모든 것의 결과로 우리 영혼의 동요에 의해 기인하는 소동이다. 훼방하는 것은 간단히 말해 마귀, 즉 "형제들을 참소하던 자"(요한계시록 12:10)가 하나님의 사람들에게 악을 행하는 것과 같은 것이다. 악의는 악의 깊은 뿌리를 가지고 있는 마귀가 주는 결과이다. 이 깊은 뿌리는 마귀가 우리 영 안에 지속적으로 보유할 수 있는 것이다. 우리 삶 속에 이러한 것들을 계속 보유함으로 우리들은 실제로 성령보다 마귀에게 더 좋은 숙주가 되고 있다.

　아버지로서 나를 가장 화나게 하는 것은 나의 아이들이 서로 싸울 때라는 것을 안다. 마찬가지로 내가 가장 축복을 받는다고 느낄 때는 그들이 부드러운 마음으로 서로를 용서하고 함께 잘 지낼 때이다. 잠언 21:9은 "다투는 여인과 함께 큰 집에서 사는 것보다 움막에서 혼자 사는 것이 나으니라"라고 말씀하신다. 이 "다투는 여인"이 그리스도의 신부일 수 있고 우리가 서로 잘 지내는 것을 배울 때까지 차라리 다른 곳에 살 수도 있다는 것을 여러분은 생각해 본적이 있는가? 무엇보다, 이 성경구절 역시 성령의 영감을 받아 쓰여진 것이라는 것이다.

　좋은 가르침과 설교는 교회의 건강을 위해 중요한 것이지만, 주님의 현존이 나타나는 순간에는 수 년간의 가르침보다 더 많은 것이 성취될 수 있다. 우리가 주님이 의도하신 대로의 진짜 신약교회의 생활을 추구한다면 우리의 제일의 소망은 주님이 사랑하셔서 살고자 하시는 처소가 되는 것이다. 우리는 그분이 우리의 가정과 섬김 속에 계시기를 원한다. 그러므로 우리가 주님을 근심케하지 않으려면 모든 악독, 분노, 노함, 떠드는 것, 훼방하는 것, 혹은 악의를 멀리해야 한다. 우리가 주님의 은총을 빈다면 다른 이들을 사랑하고 용서하는 것을 시작해야 한다.

　물론 성령을 근심케 하는 것을 원치 않는 것도 좋은 것이지만 우리는 그것보다 더 나아가 우리가 할 수 있는 만큼 주님을 위한 최고로 섬기는 자가 되어야 한다. 이것은 주님이 분명히 사용하시고 거하시기로 선택하셨던 사람들과 같아지기 위해서, 우리의 삶을 순응시켜 성경에서 주님이 사용하셨던 곳과 사람들을 연구하지 않을 수 없게 만든다. 우리는 성령보다 더 좋은 동역자를 결코 가질 수 없다. 주님이 우리에 대해 말씀하셨다는 것이 얼마나 놀라운 일인가? 이것은 어느 누구나가 추구하는 삶이든 가치가 있다.

〈2권에 계속〉